1907年7月14日法国《小日报》刊登的彩图

东方历史评论·影像

| 第二辑 |

找寻遗失在西方的中国史

西洋镜

1907，北京—巴黎汽车拉力赛

[意] 吕吉·巴津尼 著　沈弘　邱丽媛 译

中国画报出版社
CHINA PICTORIAL PUBLISHING HOUSE

目　录

序　言 / 1

一、从巴黎至北京 / 1

3月18日的事情 / 1

巴黎 / 3

"在北京" / 4

外务部 / 5

我们的车 / 6

埃托尔 / 7

二、出发 / 9

博盖塞亲王 / 9

车 / 10

准备工作 / 11

战争前夜 / 13

出发 / 14

三、前往长城 / 19

无知者的智慧 / 19

越过北京的桥 / 22

我们的苦力 / 23

南口 / 25

神圣的山谷 / 26

第一次看到长城 / 28

四、翻山越岭

/ 31

我们越过长城 / 31

意大利海军陆战队员们离开我们 / 32

在中国快速穿行 / 33

在连崖庙山的阴影下 / 41

紧张的时刻 / 48

看到蒙古 / 51

五、行走在蒙古草原之边

/ 52

中国官员子弟的好奇心 / 52

电报与鸦片 / 53

与沼泽奋战 / 55

张家口 / 56

大总办与都统之间 / 57

一切就绪 / 59

六、在蒙古大草原上

/ 62

在河床上 / 62

万里长城的烽火台间 / 64

我们在"绿海"上起航 / 64

蒙古人的热情好客 / 68

驶往沙漠 / 72

庞江 / 78

七、在戈壁大沙漠里

/ 79

沙漠中的电报 / 79

依然不见肯特 / 81

在一个干涸的海盆中 / 82

太阳的威力 / 87

乌德 / 89

八、沙漠中的城市 / 90

远方的山 / 90

灾难全景 / 93

沙漠中的城市 / 94

一辆神秘的汽车 / 97

追赶羚羊 / 98

库伦 / 100

九、库伦 / 102

在华俄银行 / 102

奇怪的朝圣之旅 / 104

一名中国总督坐在我们的车上 / 105

从库伦出发 / 108

陷入沼泽 / 109

狂怒的怪兽 / 112

十、去往恰克图 / 115

第三次事故 / 115

蒙古人与布里亚特人之间 / 116

夜间比赛 / 118

穿越友鲁河 / 122

第一次涉水 / 123

恰克图 / 127

十一、贝加尔湖畔 /129

十二、断桥之灾 /133

十三、在伊尔库茨克省 /136

十四、在叶尼塞河盆地 /139

十五、托木斯克——学者之城 /143

十六、伊希姆 /151

十七、乌拉尔山脉 /154

十八、从卡马河到伏尔加河 /156

十九、从伏尔加河到莫斯科河 /158

二十、离开俄罗斯 /162

二十一、接近终点 /164

二十二、巴黎 /166

序　言
——西皮奥·博盖塞写给巴津尼的信

加尔达岛

1907年9月

亲爱的巴津尼：

在我们两个月辛劳跋涉之后——在我们经历了各种乱石河流、沙砾林地、泥泞沼泽以及大众的欢迎仪式后——仍然有人认为我们的旅行显著证明了一点，即驾驶汽车从北京到巴黎是不可能的！

这自相矛盾的表述在其简朴之内蕴含着拜占庭风味。然而，此悖论在字面上毕竟是对事实的准确叙述，这也正是我们旅行所已经证明的：在目前是不可能单独驾驶汽车，舒坦地坐在汽车座位上，从北京到达巴黎的。我们的亲身经历也证明了，建立旨在把那些最可爱且技艺高超的中国"女艺人"从天朝都城运送到红磨坊舞台的班车服务，不会是一个有利可图的投机活动。

然而，这次北京—巴黎汽车拉力赛难道没有教给我们一些值得学习的事情吗？

我的思绪回到了恰克图那个百万富翁朴实无华的房舍里。在那里，女主人脸上挂着善意的微笑，亲自从厨房来到餐厅，把一排排装着上等乡村醇酒的杯子摆上桌，并在桌上摆了大盘子，内盛全乳牛和全羊的肉块，或者盛有大堆的面条或米饭。在那儿，法莉亚这个乡下小丫头，探出她朝气蓬勃但略有野性的小脑袋，上面别着一朵草原之花。在那儿，新老朋友无须邀请，不拘礼节地进进出出，拿走自己那份丰厚的盛情和食物。我回想到围绕着嘎吱作响桌子的谈话——想起每个人谈论我们穿越戈壁滩的实际效用时表现出的热忱敏锐，这次穿越把最为快捷的驼队创下的17天纪录减少到了4天；还想起人们向我们提出的那些技术和商业性的问题，即采用这种快运方式，至少把部分茶叶货物运送到边境某处的可能性。这些茶叶货物此前都是经海路运至海参崴，然后再从那儿改用横跨西伯利亚的铁路运往各处。

您是否还记得我们伊尔库茨克的主人所表现出的那份热情？他在下乌丁斯克搭我们的车，痴迷于在西伯利亚干硬的道路上疯狂奔驰，让松林的清新空气灌满肺腑。他肯定有着驾驶汽车的激情萌芽。在合适的季节里，在西伯利亚那无垠的旷野上，驾驶汽车的可能性是无限的。

在克拉斯诺亚尔斯克，我们热情的询问者是两个坚定而务实的英国人，他们分别是金矿的拥有者和工程师，他们面临的困难是要找到克拉斯诺亚尔斯克与叶尼塞斯克之间更快捷的联络方式。对于他们来说，我们那辆停在"大都会旅馆"院子里、行经两千英里劣质道路而未受损害的汽车，简直是最有趣的咨询话题，而且我们向他们展示了找到新颖且出乎意料之解决方法的辉煌前景。

在托木斯克，最难忘的情景是在省长的寓所内。在他所管辖的那个州（其面积与德意志帝国接近）的最南边，阿尔泰山展现出了它崎岖的山峰，并为人类开发自然的活动奉献出了富含矿物宝藏的山谷和山坡。省长告诉我，某个英俄合资的轮船公司试图借助在暖季横渡鄂毕河的大轮船，在托木斯克和北冰洋之间开展和建立定期的运输业务已是几经坎坷。他还告诉我，整个中西伯利亚都能从汽车这项发明中获益匪浅，并将给当地的内外贸易带来推动作用。他思想之慧眼，即一位现代人的眼光高瞻远瞩，幻想着要借助飞驰的引擎，把托木斯克同巴尔瑙尔和比斯克，还有阿尔泰山的采煤中心连接起来。他不仅仅如此梦想，而且还对此加以权衡和评论。简言之，他深入探讨了这件事的可能性。

再后来，在鄂木斯克，我们进入大草原地区。那里，雨季要比针叶林带地区短许多，而土壤的抗雨性则更好，整个地区几乎是一马平川。我们再次发现和北蒙古所遇相同的路况，在那里，我们追逐羚羊，让我们的汽车以其最高速度奔驰。在鄂木斯克，我们也发现自己置身于一种始料未及且令人惊奇的活动和进步的环境之中。那个省于1906年出口了价值4000万卢布的牛油，还销售了价值600万卢布的农具。在那个省份，有聪明的俄罗斯人和睿智的西伯利亚人，即现在勤奋能干的吉尔吉斯人的活动，这些活动都得到丹麦人和英国人，还有挪威人和德国人等所开办的商业和金融企业的指导和加盟。这里的所有人都忙碌于畜牧业、乳业和牛油贸易，并以此来创造财富，热切致力于提高其牧场质量，以及作为饲料的庄稼的生长。这种年复一年不断深化的活动所覆盖的面积包括整个大草原地区，那里，吉尔吉斯的游牧部落受到他们种族古老本能的驱动，逐水草而居。和从前一样，这种本能就像小溪一样穿越了所有的村庄。在那些村庄里，新来的移民，或者先前来自俄罗斯欧洲部分被流放者的子孙，全都聚集在一起，形成新的、充满活力且十分繁荣的社区。从鄂木斯克到库尔干，到巴尔喀什湖，到塞米巴拉金斯克，伸展着巨大的草原，存在汽车运输的可行性，今天仅仅是可能，明天就将成为必需。

其后，在秋明和叶卡捷琳堡，在那谦逊而勤奋的人群里，在乌拉尔山脉无尽的矿藏里，每亩地都孕育着隐秘财富的宝藏。那儿的石头提供了最便利的道路，一直延伸到德国的边境。在我们汽车途经的各处，它都顶住了最艰巨的考验，未受损伤地通过了此类机器的"受难之地"，而在这些地方，坚固的俄式"塔兰达斯"大型四轮马车和"特力加斯"轻型四轮马车均难以幸存，它在各处都留下了如同农田里的犁沟那般不可磨灭的印记。在那犁沟里，播下了一个更有前途的文明和未来更快速发展模式的种子：它在各处唤起了建立定期运输交流往来的愿望。借助于这些运输交流往来，各个国家的生命力将得以流遍整个欧洲大陆。

但在俄罗斯边界的这一侧，即在西欧，德国已经拥有良好的汽车道路，法国的道路更佳——这些地方，引擎牵引的问题并非是未来的难题，而是当前的迫切问题——我认为，西欧的专家讨论和民众热情显示出，我们努力获得的成功是一件伟大而杰出的事情。这很自然，因为它不再是为某地谋利益，或者仅仅是赚取私人、工业和商业利益的问题。我们的成功是全新并具有决定性的自我诉求，它来自一种新生且基本上属于欧洲的产业，来自一个年轻和充满生机活力的工业，其中涉及大量资金、科技知识、情报和先进可靠的成就。

当一个国家想要革新其炮兵，并且在研究了相关技术要求和批准最终计划之后，在采购必备材料之前，必须对这些材料进行测试，而且是比其将承担的任务更为严格的测试。金属要接受超过极限的过劳试验，要经受拉、扭、压的测试。它们被强制变形，各方面都超过工作要求。其后，炮口要按照科学上最精密的标准进行铸造，炮管的射击力要经受过量弹药和不同爆炸物的测验。除非该机械能够扛得住比其指定功能更久且更猛烈的使用方式，否则官方是不会对其感到满意的。

从北京到巴黎的"奔袭"是对汽车的一种类似测试，这也是它吸引欧洲大众的主要原因。我们个人和汽车的名称都是次要的，我们的汽车是欧洲发动机制造科学的代表。

文明世界是在见证对这辆新型汽车最丰富、最全面和最有说服力的测试。人们意识到，此项测试是通往废除所有人力和畜力牵引运输之路的深入和具有决定性的一步，此项废除是社会进步的最确切的指标之一。

在接受晨报挑战之时，我的头脑里就有了如下目标：向人们展示一辆制作精良的汽车，经过审慎而精心的维护，在有无道路的长途跋涉里均可取代畜力牵引。

如果这辆汽车还需用人力拉上几码，如果不时地仍需要使用杠杆和千斤顶来把汽车从泥沼或者沙地困境里解脱出来，如果要使用木排和渡船在没有浅滩的地方渡河，这些也都无关紧要。当克服了那些造成几个小时耽搁的障碍之后，汽车便可以开始其没有任何牲畜可以持续为之的正常工作了。汽车能承担这些任务而不会有显著的磨损，能长时间保持其工作的精度和效率。

北京—巴黎汽车拉力赛证明我是正确的。

在未遭受过度磨损的情况下，伊塔拉汽车在几乎都很糟糕并时常极为恶劣的路况下成功完成了长途跋涉，那是在对其整个机械系统进行严酷考验的气候条件下进行的。它的结构框架被颠簸震动晃松，发动机在陡峭的爬坡路上超负荷运行，车轮在沙土中或者在雨水浇黏的泥地里打滑，长时间在骄阳下的恶劣路面上缓慢行进而过热。汽化器经常在反常条件下工作，而温度计则显示，因从长期干旱转为连续降雨和潮湿的气候骤变能带来高达10℃的温度变化。它的齿轮和传动轴经受了频繁且突发的转换，离合器每时每刻都要衔接或放松。简言之，汽车的每个部件（且不提因工作受损的轮胎和弹簧）都经历了最为严酷和最难以预见的考验。我们走过的10000英里路程中有7500英里都没有道路，但汽车在毫无辅助的情况下没能完成的道路总长不过120英里。

我对实际获得的结果感到十分满意，尽管事实证明，目前不可能驾车从北京直达巴黎而中途不下车，但我仍然愿意指出我们获得成功的一些因素。

我几乎不愿提及汽车本身，其工作成果已证明它是一台制作精良的机器，但它毕竟仅仅是获得成功的工具罢了——就如同凿子一样，艺术家用它雕刻出其心灵在美梦里创造的形象。在一件艺术品中，受智力指挥并操纵凿子的手具有更大的价值。同样，在我们勤勉的远征准备工作里，它也有更大的价值。

对于汽车型号的选择是经过深思熟虑后确定的。力量和轻便是互相关联的条件，一台重2000千克、具有40马力的汽车实际上可能比重量稍次但马力更小的机器更轻便有用。我们着重关注之处，是安排对配件进行必要的准备。我们携带了大量配件，将其按一定顺序放入车后的工具箱里。很幸运，我们几乎没有必要使用它们。要进行补充的油料等则按照经过周密考虑后制定的计划，沿着道路隔段进行足量放置。

在我确定接受《晨报》挑战的2月15日和我们定好从北京出发的6月10日之间，期限短到不足以用通信来进行联系，只能通过电报和个人会面进行安排。穿越中国包括蒙古地区（今中国内蒙古自治区和蒙古人民共和国）所必需的机油和汽油从上海运到北京，西伯利亚和俄罗斯各段所需的油料通过诺贝尔公司从圣彼得堡运来，并沿着我们穿越广袤的俄罗斯帝国的路段进行分配。从北京出发的缓慢驼队，给位于乌德的孤井和库伦的圣城带来了我们征服戈壁沙漠所需的供给，从而使那远征变得更容易些。我们一路上遇到了许多这样的队伍，它们在依稀的晨光或漫长的暮色里困倦地前行，或者在盛夏悠长而炎热的时光里栖息于枝叶之下。那些必需的物资被从另一方向经横跨西伯利亚的大铁路，送到沿着西伯利亚老路散布的大城镇和小村庄里，最后源源不断地送到我们手中。那条老路见证过诸多经受了深重苦难，但仍怀有骄傲之心的人士的队列，他们被从自己的国家流放，但心中仍然渴望着自由和公正，而现在，它见证了我们风驰电掣的汽车迎风招展着一个自由民族的旗帜。

来自意大利的轮胎在经过测算的间隔处等待着我们，在鄂木斯克，我们设立了一处备件储藏库，尤其储备了轮胎和弹簧，我们估计在那个接近长征半途的城市将不得不更换这些零件。机油和汽油的供给按照以下方案进行：我们车上可容纳超过300公斤的汽油和100公斤的机油，足够支持跑600多英里。每个储藏点一般都有足够再次加满的油料，由于运输的困难，这些储藏点在蒙古地区间隔约450英里。在铁路或船舶更容易到达的俄国地域，则间隔150英里，或至多间隔300英里。自伊尔库茨克往后，每隔600或1000英里处就有新的倍耐力牌替换轮胎在等待着我们。

我们非常幸运，从来没有缺过汽油或者润滑油，轮胎的供应也从未让我们失望。事实上，我们很少需要利用这些备用轮胎。只有一件事情未能如愿，不过也还问题不大，因为后来发生的困难证明我们的考虑是正确的。由于同奥地利海关有些龃龉，轮胎和替换弹簧没有被运抵鄂木斯克，而是被卡在了莫斯科。我们的汽车靠已经损坏的弹簧支撑着蹒跚进入了喀山，其中一个轮子在卡马河岸下午休息的时候，由那些观念已经拉丁化的牧民费力修补好。

另一件事却做得并不完美，就是对那些乘车旅伴及其行李的安排。在我们当中，您比其他人所受的罪更多。毫无疑问，您应该记得，我们是在到达巴黎前夜才找到了安放旅行袋和皮箱的最佳办法，即将它们堆在工具箱上，可是，唉！它们总是压在您的肩膀上。埃托尔徒劳无益地用大量绳索和最富有创意的绳结将其认真地捆牢,但汽车的颠簸会使得最结实的捆绑松弛,顶部的大行李会一点点松开,迫使埃托尔重新再绑一遍。

在那60天当中,那个好人工作得多么努力!他的确是使用凿子的妙手。没有他废寝忘食地保养发动机和汽车的所有其他部件,我们绝不可能抵达巴黎,也许我们根本不会在这里。

没有尝试过的人,是无法想象机械师的工作,就如同我们一样处于长征之中:在那些对机械科学一无所知、语言不通、头脑思想和我们全然不同的国度里,他完全靠自己,没有工具房的设备,也没有车库舒适的环境。在每天旅行的14、16或18小时中,他咬紧牙关、神经紧绷,聆听着汽车在与崎岖的地面抗争时,发动机发出的最轻微噪音和汽车发出的最轻微响声。其后,他会花上两三个小时在车架下,在被疲惫的发动机烤热的空气里工作,那里有浓厚的润滑油味道——他检查、测试、登记、拧紧变松的螺母和脱位的螺丝钉,不仅渴望修好那天运行所造成的细微损伤和变位,还想通过自己的审查和智慧来预见并防止次日可能会出现的麻烦。在硬路面上抓紧时间睡几小时,在汽车正从一个车辙跳到另一个车辙时坐在座位上仓促地吃完饭,这就是他的日常工作。有时还要给埃托尔增添司机的任务,那是在他取代我驾驶以便给我片刻休息时,或者在路面坎坷,需要我下车指导他越过那些在车上难以对付的关口时。作为司机,他证明了自己是无与伦比的。巴津尼,您是否还记得,接近一座桥梁或者在软湿地面上穿越一短条干地时,我被迫检查地面,并用石头或者木棍为埃托尔标明

巴津尼,意大利《晚报》记者,搭乘博盖塞亲王的车全程采访了这次汽车拉力赛

我们汽车轮子要经行的确切地点?您是否还记得他那敏捷的动作之绝妙精准,汽车在他的操纵下毫不迟疑地跳越到桥板上,或是从发黑油腻的泥浆里一跃而出,同时全速开动以减少其重量及与之相关的下沉危险?

他清楚地认识到自己的能力和力量,也许正因为如此,无论在困难之中、测试之中,以及在危险和风暴之中(您是否还记得我们所经历的那些充满雨水和泥浆的无尽时日?),还是在大众因我们的成就(他为此成就做出了巨大贡献)而慷慨赐予的欢呼和颂扬声中,埃托尔仍保持了同样的宁静、谦逊、一成不变的好脾气和永不失败的行动,以及对我们成功毫不动摇的信心。我把他当成自己在时常会很艰难的汽车拉力赛中的合作伙伴已长达十年之久,我已经把他当作值得信赖的密友,现在更是把最热烈、最热忱的友谊和最深切的感激之情永远赠予给他。埃托尔·圭扎尔迪是文雅且聪慧的工人典范,他没有丝毫奴性,对自己的价值完全确信,对自己的责任有敏锐的感知。带着

公正无私和对朋友的忠诚，他把自己充满才智的服务提供给能够殷切激励他的人，提供给他相信能够欣赏他头脑和内心伟大品质的人。

他15岁时就成为了他父亲驾驶机车上的一名司炉，一次铁路车祸使他失去了父亲，自己也受了伤。他跟随我已有10年，受委托驾驶了一辆又一辆的汽车。他在车间里工作过，获得了在欧洲所有公路上驾驶的经验，并从中获得了审慎、冷静而坚决的勇气，以及足智多谋且科学的能力。现在，他在欢迎其胜利归来的掌声之中获得了自己勇气的王冠。他来自罗马涅地区，其种族的冲劲和坚忍的力量都或明或暗地体现在他身上。

我们成功的另一个因素是我们周围那些人的态度。

在我们的试验所获得的成功里，各级政府的善待，人民的善意，许多陌生人给予我们的帮助、支持和鼓励，是用言语无法表达其重要性，或衡量其价值的。那些陌生人成为我们片刻之间的密友，现在则再也碰不到了。

毫无疑问，以您一贯的活泼风格，您将能够使我们曲折旅程中众多好心人的形象跃然纸上，他们曾为我们工作，而我们很难向他们逐一致谢。您将会谈及意大利驻外使节、中国和俄国政府、我们途经的各个国家的管理机构是如何帮助我们的。上述所有政府机构，包括我们自己的，在解释现存规章制度的时候为照顾我们展现出了全新的、始料未及的灵活头脑。

您将会勾画出那些似乎跟青铜一样结实，能够抵御疲乏的中国苦力们的形象，他们青铜色的身体赤裸至腰间，面容冷漠，而令欧洲人难以捉摸的中国眼睛被赋予了一种模棱两可的表情。

您将勾画出穿着长袍的蒙古骑手们粗犷凶猛的外形，长袍上还带有羊群和蒙古包的味道。牧民们披着漂亮的长发，甜美的眼睛热切地注视着他们广袤土地的地平线，及其略有起伏而宽广的大平原，正一步步靠近那苦难会更少的未来和更人性化的生活。

您将能够描绘这些人群，他们彼此不同，独特有趣，忙于看护我们的汽车，那是在它喘息着攀上陡峭石崖，把水和蒸汽喷射到蒙古沙土上的时候，或者在西伯利亚和俄罗斯的沼泽峡谷里，像船一样侧靠在岩石上的时候。您将会诉说，在那远离故土之处，我们是多么地受助于所遇同胞的兄弟之情，受助于离开自己工场、业务和学校的那些群众为我们汽车的路过而欢呼的热忱。汽车作为工业产品和象征，是一个民族内蕴含的生命力，促使他们不断进步。

所有这一切，还有其他很多，将会在您书中精彩的字里行间得以叙述。

我想把注入我们疲惫四肢的力量，诸如我们竭尽心力的勇气和困惑头脑的清醒，纳入一种温柔和感激的博大运动之中。这是所有女士以其呵护，以其热切的话语和转瞬即逝的微笑，在一天、一小时、一分钟里赐予我们的。我向所有自己的和还不认识的朋友们致意。所有，我是指那些善良的家庭主妇，她们在其好客的屋檐下给我们提供了一天的家庭庇护，提供了好床和好饭桌的欢乐，以及一个整洁和有女人味的住宅所能从一个来自孤寂漂泊生活的人心中唤醒的那种朦胧感觉。那些牧民的妻子，在与世隔绝的村公所里，在用短柄斧把参天巨树树干劈成的，称作"伊斯拔斯"的俄式小木屋里，从日落到日出为我们提供她们所拥有的一切，包括屋顶和房间，把她们贫穷的房屋留给我们享用。她们把装着热气腾腾食物的盘子，把西伯利亚牧场产出的香喷喷的牛奶，把如同出产它们的泥土一般黑的面包端给我们。那些文雅和有教养的女人在跟我们一个小时的思想交流里——也许由于认定我们将不再相遇而更显亲密——把我们的思绪从其日常的俗务中转移出来，给我们的头脑还原一点点弹性，这弹性正是旅行中那连续不断并且单调的机械动作所会损害的。我们相逢过的所有人都朝我们微笑、飞吻，打出手势予以鼓励，并投出鲜花。所有人，以及我们的家人，我们在想象中看到她们抱着孩子，从心底发出欢乐的呼唤，在家门口等待着我们。她们，即使在那日常旅行的坎坷生活中，也是感动我们和支持我们的潜在力量。

这些就是促成我们事业成功的因素。对此，您比我更为了解，并如诗人般将其吟诵，如史学家般将其记录。您也明白，我们旅程的总体情况是迥然不同于许多其他旅行的。

我有时想到历史上的某些人物，他们应该是传奇性的，相反却几乎被遗忘了：在未知地区探明或者重新发现地理实况的旅行家们，那些多年来天天冒着生命危险为祖国的商业开拓了丰厚领域的人。我对他们思忖再三，想到他们回到家中，他们的名字炙热了我的嘴唇。有少数专家向他们致以问候，有一小部分日报谈到他们的事迹却经常刻薄地挖苦他们。然后他们便被缄默所包围，有时候这种公众的冷漠，他们为之服务、为之受难的人们的这种刻薄的轻视，会使他们感到心碎。

而成就远比他们小的我们，在世界的大都会里、在繁忙的城镇里、在宁静的郊区、在欧洲所有的道路上，则能受到普遍的赞誉和唤醒片刻的热情。其原因很复杂，其中有交通方式的新颖，以及汽车在日益增长的经济和社会领域中的重要性；有旅程的长度，尽管我们遇到当前首次为人所知的困难，所幸仍能在如此短的时间内得以完成；有技术问题的妥善解决，以及亚洲那块永远让人迷恋之地的诱惑，我们恰好从那里来，而它在西方人眼中又是如此的陌生。我们旅行的起点和终点之间形成了对比，我们从一个让人无法理解的帝国的神秘首都出发，其生活之声音在传递给我们的途中因空间和思想的距离而减弱，我们到达了一个最精致的和声乐器之都——巴黎，在那里，最轻微的声息都能经过千重回声的增强放大而传遍世界。

这儿和各处都藏有我们问候人们的秘密。我想您已经说过，它首先存在于沿着旅行路线陪伴着我们的电线里，日复一日，电线把我们的新闻传送给发布它们的报社。电报和报社是引发我们尝试能够获得普遍关切的直接手段，它们在各处散播您充满启迪并让旅途事件栩栩如生的作品，而那些事件本身则实际上常常显得单调，使我们疲倦。带着对事实的审慎忠诚，您已然明白如何在您的绘画里给它们打上凸显其真实状况的强光，明白如何在对舞台全体演出者的空间透视里赋予其确切价值，公众已经从您讲述我们现代版奥德赛冒险故事的篇章里感受到贯穿其中的诗意灵感。

然而，在阅读您著作的时候，没人能够怀疑您在写作时付出了多么大的意志努力和道德力量的实践。我有幸在那两个月紧张的脑力劳动和令人压抑的艰苦物质条件之中成为您的同伴，只有我自己能成为其见证人。

作为那两个月生活无法磨灭的印记，我仍然保持对您的真挚敬意，以及时光消逝所无法抹去的深切友情。

相信我，亲爱的巴津尼，并附以诚挚的敬意。

您的，
西皮奥·博盖塞

一、从巴黎至北京

3月18日的事情

1907年3月18日，对我来说是值得纪念的日子。中午，我坐在办公桌旁，沉浸在北美铁路线的研究之中。那时我对各种铁路问题非常感兴趣，并为此写了一些评论文章，在国内外错综复杂的铁路规章上为自己寻找精神食粮。突然，不远处的电话响了，把我从美国铁路的纷乱思绪中惊醒。

"谁？"

"早上好。"（我马上听出此人是谁，是吕吉·艾伯丁尼先生，《晚间邮报》的编辑。）"我想找你谈谈。你能来吗？"

"马上？"

"是的。"

"好吧。"

"谢谢！"

旋即我出了门，一招手，搭上了第一辆出租车。在路上，我的脑子里一边闪过24小时内发生的事情，一边猜测被紧急召集的原因。报纸需要"特邀记者"？爆发了战争？不，就连委内瑞拉也已经停战一个星期了。革命？不会，现在太冷了，革命往往随着夏天温煦的风吹来，再开花。4月底，在编辑部，我们会听到人们自由的呼吸，而有电报显示："保加利亚（或希腊）的队伍屠杀了一个希腊（或保加利亚）村庄的所有居民。"……或者是无法预知的灾难？灾难是没有止境的。

都不是。职业嗅觉经常使我产生不祥的预感，南北半球都没发生任何重大事情。当我正受这些猜测煎熬时，已经到了编辑部，我们的报社总部，编辑坐在那儿，一脸镇静。他递给我一份《晨报》的复印件，指着头版大幅黑字标题下的内容："你认为这个怎么样？"

我看了看这个惊人的建议：

"是否有人愿意参加今年夏季组织的北京—巴黎汽车拉力赛？"

我又念了一遍，心里对发起者油然产生了敬佩之情：他肯定是一个有伟大思想的人。

"你认为这个怎么样？"吕吉·艾伯丁尼先生又一次问道。

"太棒了！"

"这可行吗？"

"即使这个计划失败了，这个尝试也足够有趣，是值得一试的。"

"你想参加吗？"

"非常乐意。"

我们又花了几分钟时间浏览了《晨报》近

几天的内容,寻找有没有这个奇特旅行的另外消息。有好几个栏目回应了这个挑战,信件热情洋溢。有一封意大利人写的信,吸引了我们的眼球,口气冷静,文字简洁,就像是一张正式的收据。它这样写道:

我报名参加北京—巴黎汽车拉力赛,开一辆伊塔拉牌的汽车。我想尽快得知本次汽车拉力赛的细节,以便能作一些必要的安排。

西皮奥·博盖塞亲王

这个名字和风格使我马上想到:这个人肯定是说话算数的。

我早已听说过西皮奥·博盖塞这个名字,他是位著名的赛车手和旅行家。1900年,他和一个旅行队一起穿越了波斯(今伊朗)和一些荒芜的地区,他还穿越了哈萨克斯坦南部地区,向北旅行至西伯利亚大草原,然后乘船渡过鄂毕河和托木河,到达了托木斯克和横跨西伯利亚的铁路,并坐火车到了太平洋海岸。旅行归来后,他写了一本有关这些旅行的书,一部学术性的书籍,具有一本航行手册的严谨和精确,细节、技巧、翔实——这本书的作者头脑清醒,非常理智,不会被崇拜、情绪和感情冲昏头脑。与其说这本书的作者是个诗人,倒不如说他是个科学家。在他的书里,理智控制着情感,意志战胜了冲动。西皮奥·博盖塞亲王就是这样的一个人,坚强、果断,敢做敢当。他若是没有先前的经历,也不会参加北京—巴黎汽车拉力赛,一旦开始了,他一定会竭尽全力取得胜利,我马上对他产生了信心。

突然,编辑停止了《晨报》的浏览,以坚定的口吻对我说——

"你应该立即去北京。"

"好!"

"北京—巴黎汽车拉力赛6月10日开始。你可以先穿越美国和太平洋,顺便看一些有趣的事——纽约索审判案的结案。"

"好。"

"旧金山的重建,夏威夷岛的情况如何,日本是怎样从战争中恢复过来的,穿越亚洲将成就你的环球旅行。"

"那么汽车拉力赛呢?"

"我会一路和你联络的。我们请求博盖塞亲王让我们全程报道,我想他会同意的。无论怎样,你会发现北京的一切都已经准备完毕,我们甚至会给你提供一辆车。第一艘去美国的船要开了。让我想想,这是一张船票,后天从法国出发。德国北部劳埃德公司的'威廉大帝号'将于3月20日从瑟堡启程去纽约。你今天

博盖塞亲王,意大利贵族,北京—巴黎汽车拉力赛的参赛者和优胜者。在大选中被选为意大利国会下议院议员,但他在参加北京—巴黎汽车拉力赛前就递交了辞呈

可以去巴黎吗？"

我看了看我的手表，回想起这几天研究的铁路信息和时间表。

"好，我去。"

"再见，祝好运。"

"再见。"

带着拉丁人的冲动和彼此共同的兴趣和理解，我们拥抱在一起。

当我匆匆走下办公室楼梯的时候，遇到了一位上班的同事。

"你干吗这样匆忙啊？"他问道。

"我要去周游世界。"我非常认真地说，下楼停了一会儿。

他大笑道："你这个无可救药的谎言家！我知道你真的去哪里！"

"去哪里？"

"去吃中饭，但是太晚了，你饿了吧！再见！"

朋友的质疑使我审视起自己目前奇怪的处境来。我站在那儿愣了一下，感到一阵惊慌，然后回应道："再见！"又重新上路。冒险的老故事，里面的主人公从头至尾穿越千山万水，现在再也没有人写此类故事了，因为现在的孩子们也认为太不现实。然而一个记者还在不停地想象。

那天我乘坐"辛普隆号"船去了巴黎。

巴黎

在巴黎晨报的办公室，举行了大型会议来讨论比赛事宜。参会人员不光包括那些急切参加比赛的人，还有那些曾经去过中国的旅行家、外交家和知识渊博的学者，无论你想要去哪里，他们都会告诉你很多信息。聚会热闹非凡，充满互动，记者的参与使问题大大多于回答，讨论的事情充满了不确定因素，难度远远超过高等数学。

总的来说，这些会议毫无疑问有一个好的目标，经过层层筛选，他们找出了最好的路线。电报发到了北京、圣彼得堡、伊尔库茨克，询问不同的信息。聪明机灵的中国外务部即天朝大国的总理衙门通过法国公使馆传来了问话："有多少汽车参加北京到巴黎的拉力赛？"这个数字会怎样影响天朝大国的外务部不得而知。也许，外务部害怕入侵者。

北京的华俄银行回答道："南口和古北口足够宽敞，汽车通过没有问题，但是路途非常陡峭并且多石。"

足够宽敞！巴黎人认为与其他路线相比，这无疑是一个好消息。从哈萨克斯坦南部地区途经撒马尔罕、从满洲里途经奉天，以及翻越阿尔泰山都不大可行，唯一可走的路线是经过蒙古、张家口和恰克图，那些道路"足够宽敞"。

参赛者毫无偏见的判断并不那么令人鼓舞，在最后一次集会上，他们签订了悲观的宣言：

我们充分考虑了这次比赛的困难，经过数周的研究，我们认为北京到巴黎的汽车拉力赛是一个不可行的计划。问题在于汽车参赛手要获得穿越沙漠、高山、西伯利亚大草原——几乎半个地球的机械动力。

《晨报》把这次旅行跟极地考察作了比较，公众的舆论比赛手更加悲观："北京到巴黎的汽车拉力赛是一个根本不可行的计划。"

3月20日早上,我离开巴黎前去瑟堡,那天晚上我就启航了。我必须承认,我自己也非常怀疑,我是否真的能乘车从中国首都返回这个城市。在我的心里,我要感谢上苍——感谢尼古拉斯二世建造了跨越西伯利亚的铁路,可能的话,它会把我从遥远的国度带回来,尽管需要很长时间。

后来,在路途中,我几乎把拉力赛忘得一干二净。它再也不是我横跨世界的真正目的,而是一个充满疑问的小插曲,它似乎是我在这个星球绕圈圈的最朦胧的一个环节。报纸不再评论它了,整个事件已经偃旗息鼓,乌托邦和绝对怀疑论者也消失了。

但是,事实并非如此。有人仍然怀着这个梦想,继续筹划,组织准备工作。一个晚上,在纽约的一家宾馆,有人交给我一则通知和我房间的钥匙,我在电梯里打开这则通知,读了一遍又一遍,站在那儿,陷入沉思,以至电梯到了14层,工作人员问我是否要到14层,我还呆若木鸡。电报上只有神秘简洁的几个字:"6月1日到北京。"

"在北京"

6月1日下午6点,我像日食一样准时出现在北京火车站的站台上。那个普普通通的火车站建在古老的皇城围墙脚下,在雄伟的前门堡垒下面,似乎要将其卑劣隐藏在这些宏伟建筑的阴影里。当天晚上,在铁路卧车宾馆,一名意大利宪兵送来一封寄到意大利公使馆的信和一张卡片。

信来自晚间邮报社办公室,它解释了将近两个月之后我在纽约收到的那封电报。上面说,我将坐在西皮奥·博盖塞亲王的伊塔拉汽车里参加这场比赛。还有另一条好消息:除了作为晚间邮报的代表外,我还被任命为伦敦每日电报的特派记者,而且这一任命得到了晚间邮报编辑的同意。

很久以前,我就在伦敦开始了记者生涯,对于初次努力工作的地方,我拥有美好的回忆。最主要的是,自我第一次踏上英国的土地以来,便一直怀有对这个世界活动中心的拳拳热忱和对英国新闻界的诚挚赞赏。看到这一任命,我高兴得不得了,马上就接受了。

意大利官员送来的卡片来自博盖塞亲王,他一个星期前就到了。他对我表示欢迎,安排了在6号与我会面。我们以前从未见过面,既然要在几个星期的遥远而又神奇的旅程中共同作息,我们都很想见一见对方。我本想马上去拜访他,但他在卡片中告诉我,当时他在数百英里外研究测试张家口路线,如此一来我就只能耐心等待了。

那天晚上,我在宾馆的阳台上待到很晚,冥思随想,几乎没有注意到身处古老的北京。7年前我离开时自傲的、拒绝改变的堡垒,在公使馆的围攻下,在文明世界的报复下,被破坏得千疮百孔,然而其精神、其轮廓仍未被触及,仍然是粗俗的、独特的,戍守在装模作样的神圣城墙里。在深红色的太阳落下的地方,一片貌似欧洲城区的地方显现出来,有欧式屋顶的宫殿和别墅,基督教堂的尖塔、钟塔和钟楼,层层叠叠——这是一个现代西式城镇,将天朝土地上的佛寺半藏在远处。街边的电灯一盏盏亮起来,映照出经过的欧洲士兵的制服,引擎轰响着穿过哈德门。时而能听到宾馆中的电话铃声，还能在管弦乐中沉浸一会儿——一支来自欧洲的管弦乐队正为中国达官显贵的一场宴会演奏，这些权贵们没有用筷子吃饭。我自言自语："而今我们甚至要把汽车加在这些可悲的变革上。""中国正在消失。"我对自己说，满是遗憾。

然而事实并非如此。第二天我意识到，中国并没有消失。我刚抵达时强烈震撼我的所有变革都在层层防卫的使馆区。这些变革都是囚徒，局限在一片欧洲人的聚居区里。在这片区域以外，它的四面八方都是伟大的、不变的城市——处在已逝年代中的北京。在这真实的北京城中，在一座庭院为席子所掩蔽的古老宫殿里，有一个睿智庄重的机构：外务部，即天朝大国的国务院，警惕着西方的亵渎。

外务部

外务部由臭名昭著的那桐主持工作，他曾是义和团时清王朝留京的首领，被各方权势判了死刑。事实上在1900年的议和会谈中，已经确定了他的死刑。但他非但没有失去天朝的宠信，如今反而升到类似于外交部长的级别，不但保住了脑袋，还保住了他一成不变的规则。当时，外务部正严肃地考虑如何从新的可怕敌人中挽救天朝。这个敌人叫作汽车，即使用燃料的"马车"。讨论完全围绕着汽车，就像以前围绕着火车一样。为什么汽车要过来？他们想做什么？外务部长时间的沉思中满是这些令人焦虑的问题。

中国人难以相信的是，汽车的唯一期望就是来一场从北京到巴黎的旅行，他们的辛苦没有任何报酬，去巴黎可以采用更快、更安全、更有保障的方式。毫无疑问，这么解释不通的古怪行为中一定隐藏着不可告人的原因。外务部坚持认为欧洲想以他们为代价做一些新试验：试验的本质会是什么呢？

庆亲王眼界开阔，倾向于相信欧洲想找出汽车直抵中国的最佳路径，这样就不需要铁路特权了。这些所谓的赛车手自然都是精选的工程师，听命于一位意大利亲王。他们的计划将导致中国铁路公司的全盘崩溃，当时这个公司就位于张家口沿线，而且已经延伸到了南口。庆亲王正是此公司的大股东。那桐把事态看得更加严重，他深信，汽车致力于发现入侵的合适路线。蒙古地区不经常是危险的大门吗？修建长城的目的不就是保卫这边的天朝吗？从此以后，如果一支汽车军队要在义和团刚刚兴起之时借机入侵中国领土，他们很快就能取走外交禁令下的人的性命，什么样的城墙能阻止他们前进？北京到巴黎的赛车手当然就是听命于一位身为意大利亲王的官员。

法国、荷兰、意大利、俄国驻北京的公使们对于赢得此次汽车拉力赛都满怀期待，这使得这场赛事更为重要。尤其是前三个国家，喜欢发号施令，让这些严肃的中国人开会商讨一份紧急官方文件。文件要求马上同意在蒙古地区通行，以达成各自目标（对官员或工程师）。该怎么办呢？

祖国的利益要求外务部反抗，他们也的确反抗了。开始是拒绝一切通行，欧洲各国的部长和翻译一次次去找中央政府。外务部请他们喝下午茶，但他们英勇地经受住了所有劝说。毕竟，创立外务部的目的就是对欧洲人说"不"。欧洲人想要港口、矿山、铁路、大学，想要屠杀基督教传教士的赔款，于是清政府发现有必要设立一个防御机构。清政府设立了总理衙门——现在已经弃置了——其主要职责就是将欧洲人的要求付诸讨论，并一直在讨论，将他们想要的结果放在遥远的未来。义和团运动之后，各方势力都拒绝接受总理衙门，于是清政府创建了外务部，以满足他们的要求。外务部至少也是有功绩的，他们不再将欧洲人的要求付诸讨论，而是直截了当地说不。

然而，就现在已有的条约而言，对仅仅想穿越其管辖范围内的一个省的外国人，中国无权拒绝他们通行。何况此时，局势已经非常复杂了，之前这些精明的中国人既没有了解，也没有预见其严重性——汽车已经抵达北京了。更进一步讲，虽然有命令严禁汽车自由行驶，除非同意由一头——最多两头——骡子拉着，但汽车对此不理不睬，在首都的大街小巷穿行。现在，如果还是禁止通行，这些可恶的机器显然将会留在北京。它们会继续扰乱首都神圣的宁静氛围，会在开明人士中引发动荡，会将西方致命的腐化病菌传遍各个角落，令先祖和神鬼愤恨。让它们留在北京，就像让敌人留在要塞，最好还是帮它们速速离开。所以外务部准许通行了，但是，是满洲里！

于是开始了新一轮的外交竞争。文件、拜会，以及亲切友好的下午聚会，所有都要重来一遍。中国人慢慢失去了阵地，最终他们同意在蒙古地区通行，但却没有提到汽车。意大利公使馆退回了这些通行证。于是外务部发来了别的文件，读起来像是起诉书。"在中国，汽车是新事物，"这些卓越的文件中写道，"所以中国政府对此没有责任。相反，政府认为，驾车者当对任何由他们或他们的汽车引起的伤亡负责。若发生如此状况，当地官员可以没收上述驾车者的财物，以保证损失得到赔偿。"这是煽动掠夺！意大利公使馆同样退回了这些文件，并向外务部宣告，博盖塞亲王一行将按既定日期启程，无论有没有通行证——而且，他们的安全应当由中国政府负责。外务部徒劳地找出新托词，不想屈从于欧洲的压力（而且他们担心，出于秘密的政治原因，打扰蒙古亲王并不明智），最终不得不同意按要求在蒙古通行。但这些通行证不能翻译为蒙文，他们对于坚守住了最后一步很满意，否则这些文件将严重打扰蒙古亲王。除此之外，还要找出一些可以拒绝这些欧洲侵略者的借口，以免成为危险的先例。

对在北京的外交小团体而言，这些谈判成了有趣的谈资。但事实上，这是个严肃的话题。相关事实证明，现在的清政府跟7年前外国入侵之前一样，他们以同样的敌意对待陌生人，同样完全无视人生信条，内心隐藏着同样的自大和猜疑。入侵、屠杀、满洲里的战争，所有这些都没有影响到中国人的心智和品性。到处都有一些独来独往的学生，关注中国与世界的外交关系日程，认为自己可以先于对公使团的最后一击，从当前严峻的局势中发现转机，预知新的暴行发生。

我们的车

悬而未决的通行证并未延迟我们为出发做准备。机油和汽油经由上海和汉口铁路运达，在穿越蒙古的路上，它们会在休息区等着我们。14头骡子驮着这些物品离开了北京。6月4

日,张家口华俄银行宣布,前往蒙古的19头骆驼已经出发,将机油和汽油运送到乌德和库伦的储藏地。第一个补给区在张家口。

起初报名的车有25辆,但最终参赛的只有5辆。分别是:一辆6马力的三轮机车,两辆10马力的布顿,一辆15马力的世爵,以及我们自己的40马力的伊塔拉。前三辆车都是法国产的,第四辆是荷兰产的。我们的车马力强劲但有些笨重,其他的车马力较弱但更为轻便。在重量上,伊塔拉比排第二的世爵重600千克,世爵装有全套行驶设备的话为1400千克。

在法国,自第一场讨论会开始,大家都认为小型车机会最佳。路况较好的时候,轻型车可能跑得没么快,但另一方面,它更容易克服任何困难,而且,从北京到巴黎的路线很可能充满艰辛。然而,博盖塞亲王依据自己的长期驾驶经验认为,一辆马力强大而且坚固结实的车才能承受冒险旅程的压力,冒着牺牲马力的风险减轻重量并不值得。一辆2000千克的车自然可以走一辆1400千克的车走的地方,而且它还有20或30马力的优势。

对这两种倾向进行试验,对这两种理论进行实际测试,是这场比赛最重要的方面之一。早在3月份,博盖塞亲王要求以一辆伊塔拉参赛的时候,晨报就注意到了这场大型车和小型车之间的有趣比拼——"一个可以快速行驶,一个可以去任何地方。"

世爵、两辆布顿、三轮肯特都经由天津大沽抵达北京。6月4日,各位司机和我的晨报好同事杜泰利斯去天津看它们过海关,将它们放在两节预留的车厢上,一起坐火车回北京。一件不愉快的事发生了。途中,一节车厢不见了。谁能不认为这是外务部的神秘之手干的?不过事实很快证明——为了外务部的荣誉,它的手是绝对干净的。出了问题的车厢无缘无故地滑落了,悄无声息地待在中途一个车站的岔线上。在监管最好的铁路上,这种奇怪的事情时常发生。这些汽车从抵达北京的第一天起,每天都在城里穿街过巷,作为迟到的补偿。

一个星期之前,伊塔拉就已经由汉口抵达了北京,准备时间更为充足。它在东门外通往颐和园的路上试着跑了几次,表现令人相当满意,便退回到意大利公使馆的院子里,由司机埃托尔悉心照看。埃托尔将它擦亮,上润滑油,进行测试,从各个角度观察,就像一位雕塑家检查自己的作品。

埃托尔

埃托尔·圭扎尔迪,博盖塞亲王和我愉快旅途中的伙伴,是个天生的司机。他的父亲是位铁路机械师,所以他从小就对机器很熟悉。他能快速理解各种机器,看一眼就能对它们做出评判,就像伯乐相马一样。他的经历非常神奇。十年前的一天,罗马附近的阿巴诺发生了一次铁路事故,就在博盖塞亲王的一处别墅附近:一台机车脱离铁轨,滚下河岸。当时亲王就在别墅里,匆忙与仆人一起去帮忙。他们发现司机死了。司炉工是个15岁的小伙子,头部受了伤,昏迷在路边。他们把他抬到别墅里救活,这个小伙子就是埃托尔,那个死了的司机是他父亲。

这个小伙子完全康复之后,博盖塞亲王建议他留下来,后来,他成了亲王的司机。

当时,西皮奥先生的汽车是一辆早期的

埃托尔，博盖塞亲王的司机

汽油车——6马力，那种古雅的类型现在已经没有了——引擎在车的后部，传动系统由一条传送带控制，爬山的时候需要上油。埃托尔马上掌握了这台复杂的机器，在亲王的指导下，可以从罗马开到匈牙利南部，那里住着博盖塞家族的一些亲戚。完成这项壮举之后，埃托尔被送去学机械。最开始，他只是都灵菲亚特汽车厂的一名工人。后来，他在热那亚的安莎尔多工厂学习船舶机械，还在别的几家公司工作过。最终，他获得了机械技师证书，回到亲王的汽车上。

从那以后，博盖塞亲王的11辆车都由他掌管。现在，他还负责博盖塞一家的所有机器——照明、取暖、洗衣、抽水。他有一间自己的工作室，用于维修和发明。是的，发明。因为埃托尔创造、调整、使用新的机械装备，如果条件允许，他还能为机械公司提供良好的建议。他精力充沛、经验丰富，能在遇到意外时马上加以补救——他的头脑和工具一直蓄势待发。他动作轻盈，有点像士兵，每次答话时他都会说："遵命，长官！"他从内而外都像一名狙击兵。

我第一次看到他的时候，他仰面躺在伊塔拉下面——没有表情，双臂交叉。当时我以为他在干活，但不是！他正在玩，后来我发现这是他最喜欢的姿势之一——是他的一种娱乐活动。当他手上没有什么特别的东西的时候，他从车底钻出来打量着它，一寸一寸地，一个螺栓一个螺栓地，一个螺丝一个螺丝地——与他的机器进行长时间的奇特交谈。

二、出发

博盖塞亲王

博盖塞亲王花了6天时间，骑马走了300英里，检视北京和张家口之间所有的路，用一根长度与车宽相当的棍子测量最狭窄的地方。他的妻子安娜·玛利亚王妃，以及一位年轻的夫人陪他一起。这两位女士也都带着测量用的木棍，与他一起在高低不平的路上完成测量工作。他们审查了每个路口的每条小路，标记出最好的路径。博盖塞亲王回到北京时，脑子里便有了一幅完整的地形图。

大脑的力量真是伟大。它像一台照相机一样，诚实地记录下亲王眼睛看到、耳朵听到的所有信息。名字、日期、当地人的只言片语，最难以记住的东西，都像刻在铁板上一样存在他的记忆里。西皮奥先生从来不做笔记，他不需要做笔记，他的大脑可以记住一切。他可以告诉你多年前看到过的某条路上的标志性建筑。当他将要骑着马或开着车走过新的地方，动身之前他会查阅一下地图，然后就几乎再也不用看了。他能记住路的分支、位置、距离，他能叫出村名，还能像有经验的导游一样指给你看。

要是一个人能在他的一生中记住他所看到的、听到的和阅读过的一切，他肯定拥有广博、深远和丰富的文化知识。事实上，博盖塞亲王就是这样一位出众的文化人。他有着清晰的头脑、敏锐的思维，这使他能自动地甄别知识并使它们系统化。这种图书馆馆长式的学习方式伴着惊人的冷静，镇定、果断、富有逻辑使他的思维像数学仪器一样精确。他以前或许是位将军，或者首席大法官。他几乎不会靠直觉去喜欢一个人，而是依据一些事实作出更有价值的评判。他认可价值，可以准确判断出一颗大脑或一只手的力量，判断出一台机器的力量和持久性。他对从北京到巴黎汽车拉力赛的整个计划和组织就是他的正确判断力的见证。

除了卓越的判断力，他还具有非凡的毅力。他自己经常先挑艰巨的任务，当他要求同伴做出牺牲时，他往往是第一个先完成自己的任务。在追求目标的过程中，他能忍受饥渴和疲倦，他对自己说：我不饿，我不渴，我也不累。他认为和他将要取得的目标相比，他遭受的痛苦不算什么。他把自己追求的目标放在第一位，他似乎已经颁发给自己最终要取得的荣誉，所以要忠于它。他必须付出任何代价拒绝失败，这就是他成功的秘密。

我第一次见到博盖塞亲王是他刚从张家口

回来的第二天。他穿了件卡其服,他大概要穿着这件衣服去完成汽车比赛,这使他看起来有点像个英国军官。他的胡子刮得很干净,带着外交世家的优雅,然而岁月的沧桑使他的外表呈现出古铜色。

博盖塞亲王35岁,看他的脸,你觉得他应该有40岁,但从他的柔韧性、强壮坚实的身躯判断,他好像只有25岁。在户外,他的肌肉变得灵活,皮肤呈现古铜色。西皮奥先生永远对最难的体育运动充满热情。作为一位登山运动员,他已经征服了欧洲最崎岖不平的阿尔卑斯山顶峰——在最冷的冬天,没有任何向导——这都是爱的征服。他喜欢克服障碍,因为他喜欢胜利。在他的心里,体育能锻炼一个人的战斗力,登山、驾车、骑马都是对男人领导能力的挑战。

从这些热切追求的与逆境的对抗赛中,他受到了极大激励。一次,他试图阻止一匹马逃跑,却被狠狠地甩到地上,车轮碾过头部,至今痕迹仍在。另一次,他在驯马的时候掉了下来,失去了意识,鼻子几乎从脸上断下来了,一名技艺高超的医生为他缝好了伤口,但那人并不是个高超的雕塑师,博盖塞亲王的鼻子线条不对称了!亲王因为鼻子受到了很多或幽默或轻蔑的评论,他说他的鼻子可以依大气状况而变色,因为全世界都喜欢科学的晴雨表……但是,他的限制过于严格,他脸上的细微异常几乎看不出来。

见面后,我们握了握手,像老朋友一样问候了彼此,然后就马上开始谈论比赛。他为什么想参加呢?原因很简单。

每过三四年,亲王就会花很长时间进行一次长途旅行。今年他想来北京,以前他从未来过这里,而且,他的兄弟李维奥先生在意大利公使馆中任职。在罗马的一天早晨,他在早餐桌边看报纸的时候,突然看到了《晨报》刊载的这项挑战。这场比赛就像是为他私人订制的一样。他马上给伊塔拉汽车制造厂发了一份电报,询问能否为他参赛提供一辆车,他自己承担全部的管理和费用。当然他们给予了肯定的答复,于是他向《晨报》发电报报名参赛,立即开始准备工作。

他没去参加巴黎的会议,但派了一个人作为代表(富尼耶,巴黎—波尔多车赛冠军),如果有为参赛者制定的规则,代表就要告诉他。事实上,参赛所需的唯一手续就是2000法郎的订金,交给法国汽车俱乐部赛事委员会,这笔钱将在北京退还给真正参加比赛的人。考虑到其他可能的情况,《晨报》发布了清晰明确的声明:"没有手续,也没有规则。参赛者只需驾车离开北京,并抵达终点巴黎。"

车

亲王选中的车是一辆24~40马力的普通伊塔拉。对引擎和底座都没有任何改动,只是对骨架的角度和弹簧做了调整,让它比平时更为强劲,还换上了更高更耐用的车轮。轮胎选的是米兰倍耐力最大号的,这样路面的差异就不会感觉那么明显了。亲王非常希望车的每个部分都是意大利制造的。车身有两个前座,是博盖塞亲王和司机的,后座是我的。我的座位两边各用铁箍固定着一个长长的圆柱形的汽油罐,装着150升汽油。后面的一个像炮兵部队用的箱子里,装着我们的工具和其他东西,箱子上有另一个圆柱形的罐子装着水。我们的行李要用绳子捆在箱子和水罐上。为了节省空间，避免在车后部装太多东西，我们只能尽量减少行李，只带一些必需品，每人最多15千克。一个100升的机油罐，还有长管子和一个水龙头，固定在我的座位底下。前排座位下面放的是我们的食物柜，大部分都是罐头肉。这辆车最特别的地方在于挡泥板，是由四块又长又结实的铁板制成的铰链，容易卸下来，遇到小沟渠、沙地、沼泽的时候用得到。我们的车在外形上跟目前问世的其他车都大不相同，简直是个庞然大物。它就像一个奇怪的铁皮机器，像某种战争武器。如果是一个轻松的人来看，它硕大的油罐能让他想起不那么可怕的工具，甚至是一辆温和的洒水车！

准备工作

博盖塞亲王将旅途的物质供应交由俄国一家诺贝尔公司负责，他们建立了从恰克图到莫斯科间隔250英里的驿站。

我们在车上储备了汽油和机油，足够1000英里的行程，这样我们要是改变路线也有充足的汽油。诺贝尔公司几乎拥有西伯利亚所有的油矿，并且在每个西伯利亚镇都拥有最大的驿站和炼油厂。私人卡车载着旅行队在这些线路上穿行，这里是穿越西伯利亚旅途中的心脏，它也提供给其他的汽车手一条线路，最后促进石油贸易的发展。要组织我们的车队服务，没有一家公司能与诺贝尔公司抗衡。他们已经在3月就开始准备工作了。

华俄银行对促进欧洲和远东的贸易很感兴趣，他们提供给博盖塞亲王很多的服务，包括提供路线和部落的信息，所需物品的价格。它甚至还承担了提供穿越蒙古的汽油和机油的任务，并且通知张家口、库伦、恰克图、上乌丁斯克和伊尔库茨克市等处的代理，让他们尽量提供可能的帮助。事实上，华俄银行对我们比赛的最初行程显示了最大的热情。

我们最后的准备工作是购买即将穿越的国家最好的地形图：德国版的中国地图，俄国圣彼得堡地图研究所编辑的1:250,000的军用地图，俄国对道路交通的官方地图。

到4月初的时候，亲王、埃托尔和伊塔拉都准备好离开意大利了。他们从那不勒斯坐两星期一趟的北德意志劳埃德船前往远东。出发的前一天晚上，亲王正在做最后的安排，向罗马做最后致意——车和司机已经前往那不勒斯了——这时，巴黎来了一封电报，令他大吃一惊。

在巴黎，2000法郎的押金已经大大减少了预计中的参赛者。其中一些人，他们的最初目的只是想让自己的大名印在报纸上，成为从北京到巴黎汽车拉力赛的参赛选手中的一员，这本身就是一则很好的广告，再继续下去就没有什么必要了。这样也大大打击了那些真正参赛者的士气。讨论的结果还是认为这个主意是荒谬的，讨论中反对声是不可避免的。讨论总是非常理性，大家必定会预测到阻力和灾祸，因而是悲观的。如果每一个英雄都要先讨论一下他要实施的英雄行为，那么英雄主义马上会消亡。在很多的重大事件中存在着偶然性和未知的因素，冒险行为也包含着无理性的因素。大胆的行为往往违背了逻辑和值得推敲的常识，也许这就是当初在巴黎的参赛者放弃了比赛的原因，从而使之夭折于萌芽时期。博盖塞亲王接到的电报告知了他们的决定，北京到巴黎的计划就此落空。

亲王回复道："明天我从那不勒斯启程。"他的决定使其他人犹疑起来，一股傲气令他们不愿让一位意大利亲王独自进行这次由法国人策划发起的远行。所以，4月14日，剩下的所有汽车赛选手从法国海港马赛出发向东，乘船奔赴上海。

他们都是能干的并且名气在外的汽车司机，是从司机和机械师中百里挑一选出来的。科米尔是一辆布顿汽车的司机，他曾经开着马车般动力的汽车旅行过西班牙和葡萄牙，他还是一个驾小车进行艰难旅行的倡导者。"8马力够了，我只要一辆8马力的车。"结果他拿到一辆10马力的车。科利农，另一位布顿汽车的司机，也是一位久经考验的赛车手。肯特三轮汽车的司机庞斯性格开朗，喜欢挑战艰巨的任务。他意志坚定、善良、笃实，富有牺牲精神，如果需要用他的血来充当汽油，我相信他会毫不犹豫地无偿献出。

法国队因为有天真率直的比扎克，布顿汽车的机械师，因而始终保持高昂的士气。比扎克曾经服役于法国海军。船上的生活和与机器打交道的日子培养了他对指令和规则的热爱，他还特能抵御疲倦和多变的天气，是他们队的活跃分子，闻鸡鸣就起床，坚定，不为外界议论所动。随行的还有两名记者，法国人杜泰利斯和意大利人隆戈尼。我是在阿尔赫西拉斯会议上第一次遇到杜泰利斯的，他是《费加罗报》的记者，冗长、乏味的会议因为与他短短的15分钟闲聊而变得轻松无比。他总是有说不完的故事，幽默风趣。他是永远消耗不尽的信息矿藏，肚子里装满了细枝末节，政治和外交逸事，万事从他的嘴里说出来也都要打个问号。著名的"红墙"会议因为有他变得有趣——这样的事件在国际会议中司空见惯，但在他的笔下却熠熠生辉。在一个晴朗的早晨，我们又在中国见面了！

我们在一家宾馆的院子里相聚，周围都是进进出出来吃饭的中国仆人、商人和顾客。杜泰利斯面带微笑，留着短胡子，透过金边眼镜严肃认真地看着我。他的形象似乎一方面展现在热带帽子上，另一方面展现在新绑腿上。但其他都很正常，毫无疑问还是他自己的特征。我们走向前去，热情地互相问候，然后各自解释了为什么踏上中国这片神圣的土地，并受到外务部热情的接待。

隆戈尼这位开心的小伙子也加入了我们的行列，与其说他来履行记者的职责还不如说他是纯粹出于对体育的爱好。他将在布顿上开启旅程。

出发的日子临近了。在天津和北京的一部分欧洲人还是持怀疑的态度。他们分成两派：一派是顽固的怀疑派，他们甚至不相信我们会真的出发；另一派预测我们要是爬不上南口山脉，马上会折回北京。南口山脉确实是一个难以逾越的屏障，博盖塞亲王自己也没有把握翻越它。大家放弃了张家口这条路，因为那里没有路。几千年来，骆驼和骡子拉着车和轿子穿越于北京和张家口，他们慢慢开辟出自己的路线，但当山崩堵住了路口或者洪水改变了平原上的道路时，他们也必须改变前进的路线。我们的车将由人和骡子拉着前进，光靠骡子拉车是不行的，你不能要求骡子也符合旅行的要求，在小心翼翼、精力充沛和团结合作之间不断地转换，如果依赖骡子的本能行事，那是很危险的。在路上，很多次亲王的竹轿子由于路太窄过不去，这时，拉车夫要是有一点闪失，就会造成无可挽回的损失。

北京有一家老字号的私人运输行提供运输服务，他们把货物运输到天朝大国的每个地方。他们有很多装备，有马和汽车，有旅行队的向导。博盖塞亲王询问他们能否负责把他的车运到张家口。运输行老板，一位长得像个旗杆一样的瘦长的中国人，到意大利公使馆察看汽车。他的身后跟了一队苦力，扛着支架和撬棍，还有用来运输石棺的粗大的工具。瘦老板一发令，所有的人都跑到汽车上，令埃托尔失望的是，他们用上了送葬的工具是想把它抬起来，测测它的重量。他们颤悠悠地抬起这个庞然大物，还没朝前移动两步，汽车"哐"的一声重重落下，报复攻击它的人。那位瘦老板于是认为车超重，若是尊敬的博老板（博盖塞亲王）能使它轻几千磅，可能用25个人和4头骡子就可以拉动它了。

"尊敬的博老板"答应了。我们让车卸下了500公斤的负荷，给座位换上简单的包装箱。把工具箱绑在踏板上，车厢绑上镐和铲子，装饰一新的座位上放着粗细不一的绳子，为了使司机坐得更舒服些，驾驶室还铺上了坐垫。的确，我们对汽车进行了大改造。现在，它焕然一新，看起来既简单又灵巧，似乎一触即发。它已经卸下了原来豪华舒适、令人赏心悦目的外表，现在看起来像个全面武装的斗士，充满了无穷的力量，随时冲锋陷阵。轻装上阵的汽车具备了另一种美，一种纯粹的美。身上披挂了那些镐、铲子和绳索，它是一个真正的先锋战士。你感觉它可以到达以前从来没有去过的任何地方。不知为什么，我们比以前更敬仰它了。我们看着它，不断地感慨："太美了！"

双方最后决定，苦力和骡子车将在南口附近和我们会合。

法国车和世爵牌车也都进行了相似的改装。整个过程都在一队熟知当地的法国士兵和五名意大利水兵的监管下进行。意大利公使馆官员将一面彩旗赠送给伊塔拉，我们马上就挂起来了，那是我们竞争的军旗。

如果中国有怀疑论者，那么欧洲会有更多。当我接到为"可能停止比赛"做准备的电报的时候，我才意识到这一点。对这些电报，我只能简单地描述准备工作的进程作为回复，但来往之间，永远隐藏着欧洲人对此事的不予置信。我担心关于赛事的真实情况，他们会比我知道得更多。有几次我跑去问亲王：

"有新消息吗，亲王？"

"没有。"

"没有推迟？"

"没有。"

"我们真的要在10号出发？"

"早上8点。"

战争前夜

最后的日子到了，我们不再称它10号，而是称"明天"了。这真是战斗的夜晚。从天津开来的火车带来了一大群官员、欧洲居民、女士和旅行者，他们甚至踏着法国驻军军乐队演奏的进行曲节奏进门，这使使馆大院马上注入了和谐的音符。我忙碌好几个钟头来挑选书籍，使我的行李减到15公斤之下。但是，我要带上必需的行头。我雇了几个旅馆的伙计来帮助我完成这个英雄行为。同时，最后的消息终于传到公使馆和宾馆——"早上7点30分在法国公使馆的瓦隆兵营大院集合，8点出发，穿过北京德胜门向城市北部出发。"

我与大清电报局的高级官员进行了重要会谈，以保证收到准确的信息。我跟中国的一些年轻人边聊边喝了两杯茶，他们目标明确，乐于理解每一种观念。蒙古的电报局官员向我保证，每个人都准备好了接收并传递我的消息。

比赛的前一天晚上举行了盛大的宴会。一位清朝官员，顺天府警察署的都统，特意前来向博盖塞亲王询问他明天驾车出城的路线，以便警察能及时清理街道，并往地面上洒水。随后不久，外务部的官员就送来了合乎外交礼节的护照。参加那庄严会议的人思想中发生了怎样翻天覆地的变化，我们一无所知。

那天，北京的夜晚孤单沉寂，不时传来警察巡逻的脚步声，一步步走来，又渐行渐远。在这静寂的东方都市中，远处偶尔有几声锣响，神秘又奇特。我躺在那里，辗转反侧，难以入睡，莫名地感到不真实，感到空虚。我被北京的气氛感染了，越来越近的比赛就像在迷梦中似的，所有事情都像于山重水复处突然柳暗花明。一辆汽车出现在古老的城市，似乎比一顶轿子走过伦敦大桥还要荒唐。身处北京，如同将自己扔回千百年前遥远的、永恒不变的历史里。中国的文明进程曾达到极度辉煌，由于担心失去而拒绝再往前行。当今中国，只有一样东西在前进，那就是时间。吹拂着你的风懒洋洋的，天长日久，就会将你包围、同化。在中国人当中居住了很长时间的欧洲人，没有一个能完全摆脱中国"精神"潜移默化的影响。其中或许混杂了如此多古旧事物的尘土，裹挟着对时空自欺欺人的遗忘，从鼻孔中进入。在脑海中，我想象不出伊塔拉在中国城乡飞驰而过的情景。"早上8点——开始。"当然这些都是空谈！早上8点，这些汽车都会静立着，未来的人们会在原地发现它们，成为中国的历史遗迹——就像那些装扮寺庙内院的硕大石龟，成为一种装饰、一种象征。

出发

第二天，天空灰蒙蒙的，令人担忧。直到前一天晚上天气还一直很好。但那天晚上，中国的神灵似乎决定马上开启雨季。

"会下雨吗？"我问早上叫我的伙计。

他仰头看看天，毫不犹豫地回答：

"是的，先生。中午之前就会下雨。"

"午后呢？"

"也会下的。"

我报告给博盖塞亲王。

伊塔拉在意大利公使的小别墅前蓄势待发。埃托尔正在打一个结，再拉一根绳子，大步绕着车走，他自己穿着一双亮闪闪的马靴。早上7点，护卫的水兵坐上了开往南口的火车。前一天晚上，两辆马车拉着我们的行李和车卸下来的部分，由公使馆马夫彼得罗驾离了北京。

没有什么要做的了，只能等着出发的时间到来；这是最沉闷的时刻。时针走五分钟似乎要花上好几个小时。我们开始相互道别，官员们站在我们旁边，表达了他们的衷心祝愿，他

停在意大利驻华公使馆大院内的伊塔拉牌汽车。这辆赛车是意大利伊塔拉汽车公司专门为博盖塞亲王设计制造的

们拍拍我们的汽车，就像在鼓励一匹马。

突然，一名热情、英武的嘉布遣兄弟会修士匆匆赶来，为我们祝福。他是公使馆及意大利驻地的牧师。

早上7点30分，一名意大利宪兵从街上跑过来，宣告法国汽车现在在兵营里。

"上车！"亲王喊道，这句简短的命令开启了我们的探险之旅。

伊塔拉车上坐着5个人：安娜·玛利亚王妃（她热爱旅行，意志坚定，陪伴西皮奥先生完成了穿越波斯的旅程，亲王说"如果她能旅行的话，她甚至能忍受坐火车"）；李维奥·博盖塞先生，意大利公使馆官员，是位有能力的外交官，私下里又很有魅力，惹人喜爱；西皮奥亲王；我以及埃托尔。李维奥先生和王妃将在第一站——南口与我们分开。

领略了平衡和意愿的力量有多重要，我们四个人抛弃了坐在座位上的尊严，转而坐在行李上。我们紧紧抓住绳子或者挡泥板，就像摇摇晃晃地骑着马一样，用眼睛测量离地面的距离。

埃托尔转动手柄将车发动起来之后，坐在备用轮胎中间的汽油罐上，像一个屈服于命运的水兵，让自己占用尽量小的空间。引擎轰鸣。亲王握住方向盘，问：

"准备好了吗？"

"是的，我们准备好了。"汽车在沙路上轻轻地前行。

"祝你们好运！"朋友们对我们喊。

"再见！"

公使馆门前，所有的卫兵都立正向我们致意，哨兵向我们敬礼。

我们上路了。在使馆区，这是多么罕见的景象，通常人们都起得那么晚！北京所有的人力车都出来了，从四面八方飞奔而至，以服务于尊贵的顾客们。瓦隆兵营前面挤满了中国人和各国部队。墙上装扮着胜利的旗帜，旗帜旁边的常青树张灯结彩。"一路平安！旅途愉快！"的道别声响彻街头巷尾。一个年幼的声音喊道："再见！"引得大家哄堂大笑。

兵营里人山人海。所有白人都选择在今天见面，一些住在直隶的欧美人也来了，似乎所有的文明人都在这里。无论来自哪个国家，每个人都被一种自豪感号召而来，他们就是文明、教育、天性的融合体，这是西方在北京的心脏隆重庆祝胜利。

院子里站着友好而真诚的银行职员、商人、欧洲公司员工，站着各国驻华公使及其公使馆工作人员、全权大使。法国、荷兰、奥地利、俄国的公使们以多种语言互致问候。还有一位举止庄重的长者，个子不高，留着中国式的短胡子，眼睛炯炯有神。他所到之处，都得到人们的尊敬。有人低声说道："罗伯特先生也来了？"这正是罗伯特·赫德先生，伟大的政治经济学家。

没过多久，一顶轿子停在了兵营门前，一位年轻的中国外务部大臣郭先生神采奕奕地走了出来。他由此次赛事的巴黎委员会任命为中国委员会委员，现在他才突然想起这事来。他代表清廷出席，一面摇着扇子，一面不停地说："再见，再见。"不光对我们这些将要出发的人说，也对在场的每一个人说。

伊塔拉车等在外面。院子里，两辆布顿、肯特、世爵，被好奇的人群包围着，蓄势待发。法国车是灰色的，荷兰车是白、红、黑三色条纹，还贴着绘有路线、距离以及其他很多

围观西方参赛汽车的北京市民

东西的大幅海报。围攻使馆区时法国人所缴获的一座中国旧加农炮，如今成了兵营的点缀，立在这些汽车旁边，形成奇特的对照。为了这场伟大的比赛，大炮被旗帜和花环装扮一新，似乎也加入了欢庆当中。它原本听命于外务部，现在已经顺从了。

就在每一位要出发的赛车手从华俄银行的代表手中收回各自2000法郎押金的时候，军乐队奏起了进行曲。

杜泰利斯独自在人群中徘徊，脸上的表情令人难以捉摸。

伟大的时刻到了。

赛车手们都上了汽车。引擎轰鸣，排气管吐出厚重的烟雾，人群的声音愈发高了，那些准备送车队出城的军官们也翻身上马。上百架照相机都举了起来，纷纷对准焦距，准备记录这个历史性的时刻。我们跑回伊塔拉车上，它干劲十足，兴奋地准备启程。

其他车辆从院子里开了出来。

出发，没有特殊指令。我们依次排开：布顿牌汽车，司机是科米尔；世爵牌汽车，司机是戈达尔；伊塔拉牌汽车，司机是埃托尔；布顿牌汽车，司机是科利农；肯特牌汽车，司机是庞斯。所有车都静待指令，作为前导的军乐队已经走出了兵营，聚集在车队周围的人群发出了热情的欢呼声。仪态优雅的布瓦索纳女士，法国公使馆一等秘书的夫人，是汽车拉力赛出发仪式的发令员。

她高高地举起了手中的旗帜。

人群中顿时出现了一片寂静，只听见汽车发动机的声音，烟雾将我们隔开来。

旗帜落下了。

随之响起的是震天的鞭炮声，我们就像身处战场。出发了！

军乐队走在我们前面，换了一首军歌。五辆赛车以常规步行的慢速度鱼贯而行，车队两旁都是送行的骑兵军官。人群欢呼着跟在车队后面，把帽子和手帕扔向空中，好多人还大声呼喊着赛车手的名字。

车队沿一条两旁都是高墙的窄街前进，经过了奥地利公使馆。驻守在那里的人们向我们致敬，哨兵无法行礼，向我们友好地微笑。我们在意大利公使馆那儿拐弯，驶出了使馆区，来到了将使馆区与当地城镇分割开来的宽阔大路上。

我们的车一出现，就响起了震耳欲聋的欢呼声。海军陆战队的使馆卫兵全都站在防御土墙上，就像在海上看到自己巡洋舰的三角旗一样，高声呼喊："万岁！万岁！万岁！"

我们的心中也涌起了一股冲动，似乎我们也可以更大声地回应，让源自内心的呼喊填满这座巨大的城市。但我们只是沉默着，将敬佩的目光投向这些强健勇敢的人们。或许有一天，他们当前所站立的院墙需要他们来保护。

现在，军乐队停止演奏，退到了一旁，人们的欢呼声也渐渐落在了后面，没有什么能够阻挡我们了。

"前进？""前进！"赛车手们互相喊道，汽车逐渐开始加速，引擎的轰鸣声变得刺耳。骑兵军官们不得不催马快跑，但一会儿工夫他们就被远远地抛在了后面。

街道两旁站立着大清士兵，在他们身后聚集着沉默的市民。大街上空旷无人，只剩下5辆赛车风驰电闪般地互相追赶，驶过中国的首都。速度之快，中国人恐怕从未见过，以后可能也见不着了。

三、前往长城

无知者的智慧

依据警察的指令,在我们经过的大约5英里之内,交通暂时停止。在狭窄街道和宽阔公路的交叉处,路边停满了北京用于公共运输的原始的两轮车。人们顺从地等待着,沿路旁低矮的小屋排成队列。在北京宽阔的主干道两侧,这种小屋随处可见——烟熏火燎的酒馆中充斥着刺鼻的蒜味。商店门面雕刻着花纹,或绘彩或镀金,还挂着龙纹红绸边招牌,漆盘上有金字题词,从形态和色泽上都展现出中国特色,将街道装扮得喜气洋洋,伴着生命之音而波动。

这些都是商业街区的普通人,漫不经心而引人注目。他们就是每天路过这里的人,并不是特意为这场比赛而聚集起来的,北京人对这场隆重的汽车赛完全漠不关心。他们看着我们,既不惊讶,也不憎恶。很多人几乎连看都不看,就像他们天天都能看赛车,已经看烦了似的。我们几乎都觉得自卑羞愧了,预期中盛大的欢庆场面,结果却是全然的无动于衷。事实上,欧洲人能做出的任何事情都不能令天朝子民吃惊,我们文明的奇迹甚至都不能吸引一个中国小孩的注意力。中国早就承认我们拥有神奇的力量,某位神灵赋予我们魔力,可以让钢铁活起来,让它们做任何事情。这种事情对我们而言是自然而然的,再也引起不了任何惊叹。

世界上有两种人能像这样遇事不惊,镇定自如:要么是大智大勇,可以理解一切;要么就是懵然无知,对他们而言一切都是谜。他们习惯了难以理解的事物,一切都超出了他们的认知范围,没有什么能令他们感到惊奇,因为一切都可以令他们惊奇。普通的中国人就是这样:不可知论是他们的哲学,他们从不可知中获得了宁静,找寻到了快乐的秘密。

车队在狭窄的街道上绕来绕去,一直开到了位于城市北部的皇城。身穿写有白色字样的制服、头戴草帽的大清士兵将长辫盘成发髻,用长筷子给我们指路。有一会儿,我们能越过皇城那橙红色的城墙,看到遥远的煤山上的亭台楼阁,那是一位皇帝心血来潮时在花园一角建立的,从那里他能俯瞰整座城市。不一会儿,我们就来到了德胜门的城楼脚下,那座高高的堡垒矗立在都城的北边。这座建筑物半是堡垒半是庙宇,三排整齐的枪口威慑着外面,就像某种古代护卫舰的舷窗。城门附近的道路像庞贝古城一样饱经岁月,以致路面上留下了深深的车辙,赛车到了那儿,不得不放慢了速度。城外,生命依然枯燥、嘈杂、漫不经心地流逝。

出了城门之后,车队终于来到了位于果园之间的宽阔大路上,大量树枝延伸到路面,为行人提供福利。在前面的两辆车,布顿和世爵,都停下了。我们也停了下来。大家都邀请博盖塞亲王驾车在前面开路,伊塔拉重新踏上了旅程。不久,北京城就消失在视野中了,隐没在浓密的树丛和坡路之后。这时,我们第一次想到看一下手表,我们出发得迟了,时针正指向9点25分。

道路向北延伸,时而经过崎岖的沙地,时而跨过一条小河,时而像河床一样宽广,时而蜿蜒回转,时而被树丛遮蔽,树荫下的草丛中还有坟墓和石碑。我们不能高速前行。车子颠簸得厉害,复杂的路况和起伏的地面使它东倒西歪。穿过沙地的时候它像豹一样灵活,李维

穿过一个中国村庄

奥先生说:"我喜欢这只豹子的弹跳力。"但似乎这只豹子时不时地想把我们抖下来,我们不得不用尽全力坐稳。我们能看到传动轴在脚底下不受任何保护,感觉像与机器直接接触一样。道路慌乱无序地从脚下撤退,就像头晕眼花地玩一条没有尽头的丝带。飞轮急速旋转,发出嗡嗡的声音,从路面带起厚厚的尘土将我们包裹在内,车后像跟着一片阴云。

汽车无法开得很快,而且马达越来越烫。

它就像匹饲养得很强壮的马,由于被勒紧了嚼子,只能喘着粗气,吐着泡沫,有时车手正想快马加鞭的时候,它却突然熄火不走了。与沙砾的摩擦似乎也加重了马达的负担,散热器冒出股股蒸气,像拥有了生命在呼吸一样。所以我们不得不停下来,往上面浇凉水。我们跟农民们要过水,他们从乡下破败的小泥屋旁、从高高的树荫下、从这许许多多的井里打上来,像是从田间劳作中求得了平和、满足、闲适,令人羡慕。他们肩上挑着扁担,扁担两头挂着水桶,就像一台秤。他们对汽车的关注程度跟对一头骡子差不多。

我们穿过了古雅的村庄,喧闹而污浊,满是半裸的人,贫穷的中国人在夏天通常只穿一条短裤,手持一把扇子。我们询问村庄的名字,确保没有偏离路线。

"这里是二里店吗?"

村民点点头,把扇子合起来敲敲手掌,对我们的聪明表示赞赏。开出一小段路之后,我们问:

"这里离清河铺还有多远?"

但这种问题在中国总能得到五花八门的回答。"五里。"一位老人伸出五根手指回答。

但旁边的一个人却同时伸出了三个指头,而另一个人则毫不犹豫地大声说——

"五里!"

"三,五,还是八?"我们当然很生气,停下了车。那些指路的人则小心地退后一步,讨好地微笑着,祝我们旅途愉快。

中途停车休息

越过北京的桥

在清河，我们碰上了赛程中的第一个障碍。那座跨越清河的古桥对于汽车来说简直是不可逾越的。我们想找可以涉水的浅滩，搜遍了河岸的各个方向，却都没有！只有一条路，就是那座桥。

这本是一座气势非常恢弘的大桥，欧洲人按照惯例认为它是由马可·波罗建造的，但实际上它也许是建于明代。桥身全部都是用汉白玉砌成，桥两侧的栏杆上雕刻着优美的、具有某种欧洲风格的花纹图案，几乎可以印证欧洲惯例对其由来的判定。大桥以简洁优雅的白色弧形将两侧河岸连接起来，在其原始粗野的土地已经忘却了从前挚爱的美好之时，它仍然残留着过往的辉煌。桥面也是用巨大的汉白玉石条所砌成，但几百年来的车来车往已经使这些大石条磨损得非常厉害，有的石块已经断裂。

似乎数百年间，地面曾缓慢抬升，试图将这些石条举起来，仿佛它们是众多半开墓穴的盖子。自从北京被称为"堪巴禄克"（可汗之大都）的时候，这座桥就没被建筑工人的手碰过了。假如不是必须要开一辆40马力、重1200千克的车经过那儿的话，我们一定会对这个美丽的历史遗迹赞赏不已的！

桥两端的斜坡都不见了。它们被洪水撕碎卷走了，被暴雨慢慢冲走了，被千千万万路人的脚步带走了——六百年间，人潮在上面来回奔涌。现在，通往大桥的只有凹凸不平的小路，上面还耸立着破碎的石块。或许这周围的地面已经伴同中国的辉煌一起沉没，而今这座桥仍显示出中国土地追随忽必烈的脚步时所达到的令人骄傲的高度。

埃托尔开着伊塔拉车正在过清河的汉白玉古桥（博盖塞亲王拍摄）

我们的苦力

有人建议到前面的南口去把预定要在那儿会合的那队苦力叫来帮忙，把汽车拖过桥去算了。可是博盖塞亲王不愿意轻言放弃。他仔细地观察了现场的情况，并且找到了车轮可以经过的一条路线。他将汽车两侧的挡板拆下来，垫在桥面的坑洼之处，然后司机埃托尔在他的指挥下，把车退到了50码之外。这时天已经开始下雨，淋湿的石头变得更滑溜了。

"开始！"亲王发出命令，"右轮过来一些，看准了！"

伊塔拉汽车咆哮着向前冲去，吃力地爬上陡峭的斜坡，前轮碰到了临时铺设的垫板。但是雨水使得垫板和石头都变得很滑，车轮突然打滑，那块沉重的垫板在轮胎的压力下反弹起来。

汽车熄火了。紧接着又进行第二次尝试，伊塔拉退后。正当我们手忙脚乱地重新铺设垫板的时候，埃托尔发话了：

"让我们试一下不用垫板吧！"

他加大油门，汽车一跃而起，向前冲去。转眼前轮已经触到了桥的末端，但车却停了下来，后轮陷住，发生了空转，它们飞速旋转，溅起无数碎石和沙砾。埃托尔发动引擎，汽车就像忍受着煎熬一样嘶吼着，排出浓厚、刺鼻的白色尾气。我们跳到尾气里面，用尽全力推车，承受着排气管灼热的气体，但仍然无济于事。我们的心又沉了下来，纷纷退到了一边。

这辆车自然有其自尊心，仿佛一心想要征服这座桥，不依赖于任何帮助。突然，轮胎开始"咬"住地面，停止空转，似乎聚集了全身的力量，缓慢地向前移动。它们攀上了第一个，也是最高的一个台阶，接着又登上了其他的台阶。终于，车身完全踏上了第一块汉白玉石条，在那停下来休息了几分钟。然后像蜗牛一般，在这些似断非断的石块上开始了艰辛的行程。汽车不时地停下来仔细计划下一步怎么走，如何防止陷入深深的旧车辙。车晃动着，缓慢而笨拙地上上下下，有时又退回一两步以改变路线，活像一只庞大的乌龟，壳几乎擦到了地面，四只爪子伸展开来，强壮而谨慎。

下桥很容易，但也充满乐趣，这是我第一次看到一辆汽车陷入这种境地。这台充满力量的机器是为了以闻所未闻的速度冲锋而建造，现在却像孩子一样小心地迈下台阶。这个钢铁怪物的全部力量都用来克制自己了，它似乎能看到危险，能计算高度。车轮像触角一样慎之又慎地探出，轻轻地放在下一级台阶上，然后像聪明的巨人一样，将力量集中于大脑。每走一码，都要花很长时间，直到前面呈现出开阔的路面。然后，它高兴地一跃而下，自由自在地往前跑着，好像停不下来了。我们跟在后面边跑边喊——

"够了！停！停！"

我们在持续不断的倾盆大雨中重新踏上了宽阔的大路，这场大雨对我们而言，就像一个好心好意却又笨手笨脚的人对朋友那样——软化了路面，但有些过度了，路上遍布泥滩、沼泽、水湾。

我们穿过乡下的小桥，就像有钱的中国人用来装点花园的那些小桥一样。走过狭窄的小路，两侧都是高高的草丛，间或有几棵柳树，柳枝将雨水聚集起来，重重地打到我们头上。我们走过各种各样的地形，预示着前面就是山区，感觉像在北京广阔的郊外，一片草木的汪洋大海，树丛和村庄就像海里的小岛。透过薄雾，我们已经能看到些许模糊而零散的山地，还能看到中国佛塔的独特轮廓。

突然，前面有一点白色隐约闪现，那是另一座汉白玉栏杆的古桥，比前一座还要大，横跨在沙河上。我们从座位上跳下来，喃喃自语着对堪巴禄克壮丽景色的愤怒。我们再次开始巧妙地征服这座桥。幸运的是，车在对付破烂不堪的路面方面已经有一定经验了，只花20分钟就完成考古短程，抵达了河的左岸。

在这里，我们被一群中国人包围了。他们戴着形状奇特的小帽子，热情地欢迎我们。我们想要一些干净的水，于是一桶桶、一锅锅、一壶壶水就送来了。一个看似蒙古人模样的和善的老人走上前，邀请我们去他家喝茶。我们的婉拒令他很伤心，他告诉我们他是我们的朋友，这些人也都是我们的朋友。这是怎么回事？当他们把清真寺指给我们看的时候，我们马上明白了，而且感到自豪。他们是中国的伊斯兰教徒，那位老人是他们的首领和教职人员。由于宗教信仰，中国的穆斯林觉得与他们的同胞相比，他们跟我们更为相像。他们知道我们的信仰建立在《旧约》的基础上，他们同样将其视为经典，而在传播时有了些许改变，抵达后有了些许增添，但大体上还是相同的。

我们辞别了可敬的会讲阿拉伯语的长者，快速返回车里，驶离了他的视线。接到拥有同一经典的人们来访，他们一定还沉浸在惊喜中。

没过多久，我们就看到了遥远而又陌生的张家口边界。四周环绕着光秃秃的起伏的群山，在其中穿行时，它们仿佛时而围拢，时而散开。右侧出现了环形的壮丽山峦，那里长眠着明代的皇帝，全世界任何皇帝的陵墓都不会大过此处。其宏伟不仅源自寺庙、拱门、人工的巨幅画像，更源自这里坚硬贫瘠的土地，为陵墓增添了难以言传的神秘感。看上去像是某个神仙的道场，永恒的群山围绕。似乎某个超人类的意志安排了这一切，聚集了阴凉和静寂，让这伟大王朝的神灵安睡。

我们感觉这神圣的地方就在附近。靠近寺庙入口的地方，有许多刻着古汉字的纪念碑，固定在龟或龙形的巨石上，或像佛像一样坐落在莲花基座上。

路越来越崎岖，石块越来越密，山也越来越多。不一会儿，我们就遇到了苦力。他们住在一个小山村里，一看到我们，就自发来到了路边。

他们的首领是一位老人，为了表示对他的尊敬，他们都遵从一项准则"听父亲的话"，也就是说，要听他的话。而且，"父亲的话"演变成了老人脖子上挂的一只小哨。我们让他们在更远的地方与我们会合，然后就先行一步了。我们想要开车走得越远越好。

南口

现在我们可以清楚地看到南口峡谷了，它像两座岩石嶙峋的山间的一条窄缝，山顶上耸立着高高的古塔。附近环绕着其他险峻的山峦，在天边勾勒出古怪的轮廓。在这暗淡的雨天，这种地形有些可怕：阳光灿烂的时候，或许只是显出乡野气息。但现在，它们似乎高不可攀，山坡就像堡垒的墙壁一般，荷枪实弹，准备抗敌。

南口的意思是"南边的大门"。我们这颗星球上有一些天然的战场，似乎是特意为我们可怜的人类所建的，自然界亲自煽动攻击、防御——这种可怕的地方让人们感到四处都有敌意，隐藏着伏兵和陷阱，南口就是这样。入侵的时代已经远去了，峡谷两侧的堡垒慢慢风化，峡谷边住着可能是地球上最为平和的人们——然而这种幽深阴暗的地方总能让人想起死亡和毁灭，尽管四周的墙壁只不过是某座巨型建筑的残留。

我们停在距城镇六英里远的地方，这里是峡谷的入口，从南口关延伸而来的大路和河床是唯一途径。破碎的石头、沙砾、水滩，除此之外，一无所有。我们不得不停下来等着苦力，他们兴奋地跑过来接管汽车。或许他们心里害怕它会逃走，把他们赚钱的期望也一并带走。所以他们叫喊着来了，就像一伙拦路劫匪。

他们的穿着太奇特了！像庞乔斗篷一样厚厚的羊毛袋子（车队的中国向导们用作雨衣），蓝色、白色或灰色上衣，又旧又破，用作缠头巾的破布，灯状的草帽，各式各样破烂的衣衫，大概已经传承了好几代的寿衣，就像古巴黎"奇迹法庭"上的装扮一样。有老人，有年轻人，还有小男孩；有汉人，也有其他少数民族的人；各种各样的乞丐，各种各样的中国人——老老少少的穷人，各个阶层的穷人，从北京最底层不知道怎么聚集而来。他们来拖一辆汽车，挣四天钱以维持一个月的生活。他们漫不经心，心满意足，而且非常健谈。

领头的老人挥舞着旗子，鼓起腮帮吹响哨子。第一声哨表示：预备！埃托尔把宽绳子紧紧地缠在车子前部，系在支撑弹簧的两根支架上。一会儿，两队人弯下腰抓住绳子，慢慢地把车向前拖，其他人在后面推。

雨依然不紧不慢地下着。有时，车像能看到路上的石头似的，会叛逆地猛然停下来。苦力们被往后一拽，膝盖翘起，失去了平衡。但他们会喊着水手们称为《起锚歌》一类的号子继续向前。那位老人会开始唱一首古老的歌，听上去像在做祷告，到了合唱的部分，其他所有人会一起喊："啦欤，啦欤，啦！"同时一起用力。领头人的歌是即兴的，他只是想起什么就唱什么，因为重要的是声音和曲调，而不是歌词。但有时也会有好玩的事情令这些人情绪高涨，在"啦欤，啦欤，啦！"的声音中，可以感受到他们劳累之中的快乐。汽车被拉过某个障碍之后，有时它自身的重量会带着它前进一些，仿佛这辆车会反抗，会自行追赶这些陌生人。绳子松弛下来的时候，这些中国人都很兴奋，高兴地跑着、跳着、笑着，就像小孩子在玩耍一样，喧闹地走一段，直到他们被拉住，绳子重新紧绷、静止不动。看这些中国人很有意思，他们不是搬运工，不直接代表任何阶层，他们只是穷人，就代表人。这些中国人带着穷苦和美德站在我们前面，贫困、无忧无虑、漠不关心、淳朴、忍耐、活跃，一个种族的所有优点和缺点，都隐藏在斗篷下面，弯腰弓背地拉着我们的车。老人郑重其事地带领着队伍，践行着他的准则。

神圣的山谷

站在峡谷入口处，南口险峻的山峦将路悬挂在我们面前。村庄依偎在南山脚下，而山就像俯视着这些房屋，从下往上看时，山就像俯伏在旅人身上。伟大、古老、锯齿状的墙是长城的分支，散落在山脊上，完好无损，因为这里几乎难以接近：只有时间才能对它们造成破坏，而时间对待伟大的遗迹自然比人类温和得多。

南口村看上去就像一堆偶然堆起来的石块。低矮、古旧的住所由麦秸和泥土建成，门前高高的路面铺着巨石，路中间则留给了洪水。一座古堡环绕着这个破旧的小村庄。

我们穿过一个低矮阴暗的大门，踏上了村里唯一的路。雨停下了，太阳从云层中露出了几分钟，湿漉漉的石头微微发亮。人们走到门口看光景。

他们就像是另一个族群的人。这是中国山区的族群，强壮有力，带有明显的蒙古人祖先的印记。这一小群人与其他人相隔绝，住在荒山野岭，看到的人会想起古代某支驻军，他们被派到这里保卫关口，却被遗忘了。事实上，这些人可能是占领满洲里后被派到这里的蒙古士兵的后代。现在他们没有武器了，但仍然坚守着岗位，不知不觉就坚守了几百年。

第一天的旅程结束了。2点45分时，我们走进了马夫彼得罗为我们选作休息场所的中国小村庄，我们只走了不到40英里。海军陆战队员们欢快地围着我们，告诉我们行李已经安然抵达，在当地最好的房间为我们准备好了火堆，晚餐的鸡正在别处烤着——我们满怀感激地听着这些消息。

伊塔拉的停车位在旅馆外院的马车、骡子、马和马车夫中间，在中国当地常见的这些独具特色的杂物当中。

下午，我们按来的方向几次走出山村，希望能看到其他汽车。我们甚至爬上了锯齿状的长城，从顶端可以看到大片的地方。然而目力所及，只有无边的孤寂。下午4点，我们突然看到一群人从南口火车站往山村赶来，大约有两英里的路程，他们拖着什么东西。那是肯特三轮机车，庞斯和他的司机气喘吁吁，又喊又叫，协助苦力们搬运汽车。

庞斯的脸上写满心事和懊悔，他必须折回北京，因为他一出城，一来到坑坑洼洼的路面，他的车就不能用了，虽然它在好路上表现出色。三轮机车有两个转向轮，只有一名司机，车的重量压在前部，因此推动力不足以支持，而遇到的阻力却很大，路面一点点的不平坦就足以使转向轮徒劳地在原地打转，令人无可奈何。庞斯只能回去，坐火车过来。他决心不惜一切代价抵达蒙古，希望能够找到一条简单的路穿过那里。

太阳落山后不久，南口就已经进入睡眠状态了。我裹在水手的毯子里，躺在炕上，非常清醒。这一夜我都没有睡着，在想象中继续旅行，继续探索这个国度。洪流在远处轰响，污损了我们明天要走的路。一会儿以后，这个声音就被瓢泼大雨吞没了，风裹挟着一些大雨点敲击着我纸糊的窗户，就像手指闲敲一样。

彼得罗拿着一个小纸灯笼来叫我们的时候，雨还下着。拂晓时分还在下雨。我们徒劳地等着放晴，最终还是决定出发的时候，仍在下雨。凌晨3点的时候，苦力们就已经准备好了。早上7点25分，我们离开南口，留下王妃在旅馆里，因为她要坐火车回北京。李维奥先生跟我们同行到长城。

为我们拖汽车的是一队中国人和三头牲畜。北京的运输公司原本答应在南口为我们提供四头骡子，结果却只有一头骡子、一匹老马和一头白毛小驴。博盖塞亲王提出抗议，但公司的一名代表对天发誓，这三头牲畜不用任何帮助就可以拖着汽车走到世界尽头。我们只好同意了，它们只要能拖到张家口就行。

我们出发的时候，南口的好人们放爆竹为我们送行。中国人习惯用嘈杂的烟花表达欢乐。向客人致敬的时候，他们在门口摆上一些烟花，到了特定时候，嘭！啪！就把它们点燃，以此表示恭敬。

几分钟后，路拐了弯，南口就看不到了。突然开始爬坡，偶尔会有长长的、低矮的阶梯。我们每到一个阶梯，苦力们就会齐声唱起号子，在空中挥响鞭子，督促牲畜加把力。那位老人举着旗子走在队列前面，海军陆战队员们走在汽车两侧，时不时用肩膀猛推一下，就像把枪放在山顶某个位置似的。埃托尔独自待在车里，裹在层层防水斗篷底下，有点像布列塔尼的渔民用的那种，如同掌舵的舵手一般聚精会神地控制着方向盘，以车喇叭发出指令。响一声，前进；响两声，暂停，但苦力们通常需要响两声，因此车喇叭所承受的压力令伊塔拉的声音开始变得嘶哑，最终完全发不出声了。彼得罗独自骑马走在后面，他戴着一顶大草帽，丝带系得像法国督政府时期轻佻的女式帽子一样。他的马夫则戴着讲究的帽子，显得很尊贵。在通往中国伟大的万里长城的这条小径上，不会再有比这更古怪的队伍了！如果我说，李维奥先生、西皮奥先生和我时不时骑驴休息一下，然而这驴太小了，坐在上面一只脚能触到地面，我们的雨披能把它们完全遮住，那么我真是提供了相当重要的细节，以还原历史真实。

第一次看到长城

周边的景色每时每刻都在变化。头顶是连绵不断的陡峭山峰，山石嶙峋，越来越奇特；以及阴云笼罩，苍白的薄雾使得乌云看上去比实际更大更远，加重了它们的险恶形象。脚下是一条湍流，也是变化多端，时而波平浪静，像条小溪，在路边绿色的灌木和小片柳树间蜿蜒回环；时而却波涛汹涌，流入深潭，我们几乎都不敢从路边往下看。旧城垛不时沿路下降，从山峰降到谷底，又重新上升，消失在远处。这些锯齿状的城垛保卫着偏远的巡逻队的"辖区"，它们是从长城延伸而来的次级的防御堡垒。

其中两道壕沟之间有一个大村落——居庸关。我们走进高耸昏暗的城墙，迎面看到一座华美的石拱门，从远处看可能会以为是古罗马建筑，有精美的带状浮雕和塑像，这无与伦比的遗迹威严地耸立在贫穷的山村里。

我们走完一段下坡路的时候，被一顶轿子赶超了。轿子里，遮阳伞底下，有一个欧洲人在休息，当地人尊敬地向他行礼。经过的时候，他用英语祝我们早安。他是个名人，中国人称他"凿山的老先生"。彼得罗询问原因，然后把原委解释给我们听。但在讲故事之前，由于涉及中国文化，需要指出的是，中国的商人此刻已经相信，尽管铁路可能打扰他们沉睡的先祖，但总体而言是个好东西。因此，北京的很多中国商人和银行家先前决定建一条贸易急需的铁路，并下决心不让外国人插手任何事务：资金、劳力、公司经理，都必须是中国的。由此，修建北京到张家口铁路的中国公司成立了，现在已经修到了南口。工程师当然也是天朝子民，在美国留过学。

在平原上一切都好，但到了山区，天朝子民就处境窘迫了。他们的隧道塌陷了，按修建隧道的规则，每塌陷一处，便修复一处，但还会再次塌陷——中国人不屈不挠而又徒劳地与中国顽固的高山作斗争。有胆小的人从中发现了龙的复仇之爪，或许穿孔损伤了伟大的龙身。因此，山石将人们埋葬便是神龙发怒的最佳明证：或许这就是惩罚。但是，当时的人们除了官员，大都不相信龙了。商人们想起了西方的工程师，他们或许有办法攻克南口这一难题，尤其当他们听说，辛普朗隧道当时正要顺利完工。所以公司向京汉铁路公司请求借一名优秀工程师，由他指挥施工。因此，这位"凿山的老先生"坐着"轻便的宝座"，出现在长城山间的峡谷。

爬坡很艰难，我们经常让苦力们好好休息休息。绳子快要拉断的时候，他们高兴地丢下绳子四散开来，准备听到首领哨声的时候再出现。驴、骡子和马相处融洽，安静地在一起吃草，长长的足迹上满是泥块。路上只剩下汽车，每个轮子后面都堵着石块，湿漉漉地，谦卑而消沉。海军陆战队员们却很开心，因为他们经常远行，即便冒着雨。

总共有五名海军陆战队员，充满力量，各具才华：他们是五名天才健儿。一位是摄影师兼机械师，路上遇到复杂的地形，他就帮助埃托尔监视汽车前行；停下来的时候，他又扛着支架、一块大黑布和一台庞大的摄影机，不知道去了哪里。直到我们重新上路，我们都处在他的镜头中，密切地观察着，就像库克罗普斯那神秘的独眼。另一位是医生兼厨师，生病的人需要他，不生病的人更需要他。他总能科学地包扎伤口，科学地分派热煎蛋卷。第三位是电工，第四位是木匠。最后一位能用西西里式慢吞吞的优雅语调说汉语，他曾在1900年随联军去过张家口，像领航员一样认识路。他们所有人都乐观积极，似乎一切事情都是为了让他们开心的，真令人羡慕。这场雨——这场雨透彻而持久，不光我们带的防水雨衣不够，而且雨水还透过雨衣，使我们感到阵阵寒意——似乎让海军陆战队员们更兴奋了。水就是他们的一部分，他们的亚麻布制服完全被浸透了，紧贴在肩上，但他们依然在水洼中兴致勃勃地前进，对暴雨毫不在意。这些可爱的旅伴们，自豪地护送着我们小小的旗帜，准备着笑容，如果需要，也准备着牺牲。

伴着喇叭嘶哑的声音、哨声、海军陆战队员们的跑步声、歌声、鞭声，队伍重新上路了。沿居庸关的峡谷，我们一直向前，前路漫漫，而且越来越险。

突然，峡谷变得非常狭窄，似乎要在我们面前关闭了。看上去没有开口，而山峦像哨兵似的突然拦住了路。我们只能看到右侧有一道细缝，大约40码宽，在两块突出的岩石之间，像高墙之间的过道。目前，这条路引领我们穿过的是一个幽暗的国度，憎恶和恐怖包围着我们。人类一定从很久以前就感到了此地的可怕，因此，他们将这里视作圣地。或许的确很神圣，因为穿过那里的时候嘴里一定在祈祷。这条通道让人们祈求天国的保佑。

在人们的心目中，山本来就是神秘的：它从地面向天空延伸，山峰似乎能与上帝接触。那里有一扇大门，任何跨进门口的人都拥有极强的意志力，那是神力创造的，高深莫测，令人畏惧。在人们的想象中，这些硕大的玄武岩一定在警告人们不要再往前行，前方一定太过凶险……我们在那里只发现了深重的阴暗。苦力们诚惶诚恐地走过，就像走过一座寺庙。这道峡谷看上去真的成了寺庙，远离尘世，杳无人烟。

这道峡谷是隐士居住的地方，岩石的每一处凹陷都可以作为隐居地，有以古汉字雕刻的圣贤之言，还有一些更古老的藏文、蒙文、满文，都是古老民族的语言。在一块像墙面一样垂直的岩石上，高高地建着一个奇怪的小型建筑，一处小小的圣所，悬挂在半空中——那是一位神仙的住所，建造在崖壁上。通向那里有一道长长的阶梯，是在石头上凿出来的，被灌木遮掩着。离峡谷入口更远的地方有另外一处高悬的圣所，现在已经毁坏了。那些几乎无法企及的高山上，到处都有这样的遗迹。这狭窄的山谷束缚了从北面来的暴雨，因此暴雨将怒火全部发泄在这里，冲毁了大部分建筑。石块从山顶滚到峡谷中，远古艺术家用虔诚的双手将它们雕刻成佛像、人像，雕出和蔼而又严肃的面容，一些巨大的佛像是直接在山崖上雕刻的。旁边还有颓败的寺庙遗址，只剩下残破的柱子和栏杆。那里没有人留下的痕迹，但它们一定是信仰的证明。每个见到此景的人都会大声喊："我信！"

这条路的宗教意义古已有之：喇嘛教由此传入中国。从其发源的亚洲中部，信仰的波涛冲出峡谷，赢得了一批汉族信众。途经这里，经常能看到打扮奇特的朝圣者。我们来这里的前几天，博盖塞亲王检视去张家口的路的时候，遇到了一位忏悔的朝圣者，他剃了头，穿着灰色长袍，嘴里不停地喃喃自语，每走三步就要跪伏在土路上亲吻地面。亲王感到好奇，

伊塔拉车停在中国农村的一个村庄时，引起了农民们好奇的围观

便上前打听。原来这位朝圣者正赶往一千多英里之外的喇嘛教圣城库伦。他将以同样的方式穿越蒙古地区，穿过戈壁滩，一路上都是每隔三步就要吻地面一次！

人们对这些古怪的朝圣者们都很热情友好。朝圣者们通常晚上会停下来，在路上放一块大石头，标记出他们到达的位置，第二天可以从这里继续，然后到最近的村庄休息一会儿。

我们突然想到，我们又何尝不是在一条朝圣的路上呢？我们也同样发过一个奇怪的誓愿，并且在忠实地试图完成这一誓愿。倘若那位一路跪拜的朝圣者反过来问博盖塞亲王这趟汽车拉力赛的理由的话，他可能同样会感到不可思议的。

当汽车经过了一个叫八达岭的小村庄以后，远处的山脊上便出现了一道壮丽的线条。它环绕着我们，弯弯曲曲，断断续续，像长了牙齿似的。它越来越近，越来越高大，这一连串的坚固堡垒，就像一排站在各自哨位上的巨人。

这就是长城。

四、翻山越岭

我们越过长城

从远处望去，长城沿山峦走势蜿蜒曲折，就像一座贴合紧密的巨大的建筑模型，不像是人力所为：它太宏伟了，无论从任何角度观看都如同管中窥豹，只能看到它的千分之一！它就像地球的神奇条纹，由某种神秘的自然力量举起，是一种创造性、而非破坏性剧变的结果。

我们越走越近，长城便越来越被山峰所遮掩住，再次看到它是在山路的最后一个转弯处，我们要跨进堡垒的双层大门。快到山顶的时候，路成了岩石间的狭窄通道，而且越来越陡峭，越来越艰险。我们已经在连绵阴雨中走了八个小时。我们走得很慢，很吃力，时不时便需搬开路上的石头让汽车通行，保护汽车飞轮不被凸起的石块损伤。四周昏暗而荒寂。

我们走过一道深深的溪谷时，突然看到了两条电报线，从谷底一直伸到隔离器上，穿过山路和长城。就像看到熟人一样，它们就是我们的朋友，会把我们的消息传给外面的世界。远隔万水千山的人们也可以悄悄交谈，距离根本不是问题！

从近处看，长城没有那么壮观了。它就像城镇里普通的城墙，承载着北京战火纷飞的记忆。然而当我们越过长城之后，从通往岔道村的路上往回看，突然觉得透不过气来——眼睛能看到多远，那道灰白色的墙就延伸到多远。它勾勒出山峦起伏的边线，时而跌入深深的山谷，时而跳入视野当中，时而露出侧面，时而正对我们，将烽火台排列成千奇百怪的形状，时而将城垛散开，时而将它们缩小聚拢。就像一个难以驾驭的活物，时而拖延时而飞奔，有时出现在视野的最左侧，下一秒又跑到了最右侧，描绘出最不可思议的轨迹。其后大约500英里的地方——环绕直隶省——就是边界线。这只是一小段长城，另外还有一条"万里长城"，我们将在张家口北部见到，沿中国边境长达1500英里。而且长城不止这两段，岔道村远处还有更多烽火台，更多堡垒，就像我们在南口峡谷中看到的一样。

历朝历代的中国人花了许多时间修建长城抵御北方游牧民族南下。然而，300年前汉人的皇帝宝座被满族人占领之后，这项工程才停止。

以我们现代人的眼光看来，长城是中国人忧惧的丰碑，伟大却毫无意义，壮丽而愚昧可笑：我们对此既钦佩又嘲笑。但我们忘了，罗

在岔道村的大门外

马人同样曾在不列颠边境上修建过双层城墙,抵御不屈不挠的苏格兰人。历史上,生存境况也曾使得人们认为在相邻的国家和民族之间、在文明和野蛮之间有必要设立屏障——即便在今天,我们仍然觉得这样的工程很合理:在地球上建造成千上万英里的钢筋,并为此而砍掉森林、穿透山峦……

岔道村被方形的城墙包围着,四角各有一座角楼,我们没有进去。中国所有的城镇和乡村都是这样围在方方正正的城墙里,或许还保留着古老的城壕。我们在村外走了走,路有一半被淹没了,但依然比围墙里面的要好。我们借宿在北门外的一家中国小旅店里,更确切地说是供车队暂歇的地方。那天我们走了有20英里。

旅店的院墙已经半坍了,在脏兮兮的院子里,我们马上检查了汽车,我们担心猛烈的颠簸会对它造成损害。但它状态良好,围观的这些拼命赶路的人状态也不错。一会儿,三名中国士兵从村里赶来——不知道是来保护我们还是来监视我们的:我们可以把他们当作光荣或耻辱的卫兵,随便怎么想。

我们刚一抵达,李维奥先生就要与我们分别了,他要赶到南口坐晚上的火车。我们纷纷祝他一路顺风,直到他消失在视野中。

意大利海军陆战队员们离开我们

潮湿的风一阵阵吹来,透过纸窗的缝隙,吹进我们简陋的住所。"彼得罗,我们需要火!""彼得罗,热水,谢谢!""彼得罗,来点吃的!"于是彼得罗微笑着过来了,忙着点燃炭炉、烧茶水、煎鸡蛋，用纯正的意大利方言回答我们的请求。彼得罗真是个好仆人。他父亲是意大利公使馆的一位老马夫，祖上好几代都是马夫，看管北京意大利公使的马厩。他经常担任需要能力和忠诚的工作，所以他作为大管家和翻译陪同我们去张家口，就像位随从参谋。"彼得罗，"博盖塞亲王问，"你是基督教徒吗？"

"我不是基督教徒，我是佛教徒。"彼得罗回答，他独有的咬字不清的意大利语很有特点。

"那你为什么叫彼得罗？"

"我不叫彼得罗，我叫无定。"

"可是人们叫彼得罗的时候你却答应。"

"是啊，每个人都叫我彼得罗，所以我就答应着。"

最后一个指令。"彼得罗，明天早上3点叫我们，让苦力那个时候准备好。"说完，我们就钻进了撒了很多除虫药粉的被子里，很快进入了甜美的梦乡。薄薄的隔板墙那边，传来了隔壁海军陆战队员们的声音，他们正在谈论各自的乡村和远方的故土。

6月12日早上4点半，我们离开了岔道村。天还没亮，还带着夜里的清冷，我们穿着潮湿的雨衣瑟瑟发抖。海军陆战队队员们必须返回北京，他们得到的命令是旅程的第二天他们就得离开，除非是情况必需他们留下。他们陪我们走了几百码，走到一座古塔前，一齐向我们行礼告别。声音回响在岔道村中。走出很远，借着微弱的晨曦，我们还能看到他们白色的制服，"万岁"声越来越远，越来越模糊，终于消失在了远处。

在中国快速穿行

苦力们从睡眠中又获得了兴奋。他们在依旧泥泞的路上又跑又跳，笑着唱着，拖汽车让他们觉得很有趣。上帝保佑这些穷人！

天亮了起来，天空呈现出大片的蓝色。西风驱散了云朵，将它们赶回海上。突然，一缕阳光照在我们前面的一座山上，过了几分钟，我们要跨越的燕山山脉就在耀眼的阳光中出现在眼前了，其上沟壑遍布，山顶直入云霄。它好像突然赶到我们前面，形成高耸的屏障，其后还有更多高高低低的山峰，一座接着一座，延绵不绝，直到天际，它们是兴安岭遥远的延伸。

天空渐渐放晴。我们回转身，看到最后几朵小小的云影一个接一个地离开长城。昨天爬过的山峦在我们身后排列着，嶙峋而荒芜，长蛇一样的长城镶着边，如此雄伟壮观。从遥远的山西往南，这些圆弧形规则排列的烽火台暗得几乎看不出来，我们互相指点着、辨认着，面对这样不可思议的建筑，越来越惊叹。

地面渐渐抬升，依然荒无人烟。有时连续走了几个小时，才能追上一个驼队，领路的蒙古人穿着羊皮外套，带着八边形塔顶帽子。这是他们本年度最后一次旅程，蒙古骆驼夏天不干活，它们享受假期，天热时会回到故乡的草原，那里食物充足，它们可以惬意地休息，为其余时间劳碌的工作做准备。休息也是为了它们的蹄子好，有时翻山越岭太过艰辛，可能会累死，这沙漠中的动物不会安然无恙地变成高山上的运输工具。

一个中国村庄里的主要街道

最先见到的蒙古骆驼

有时我们也会被骡子拉的轿子所赶上，里面坐着去张家口的商人，或前往边远地区任职的政府官员。前面有开路的仆人和骑马的士兵，后面跟着赶骡子的人和骑马的后卫部队。官员的轿子外面挂着红箱子，箱子里装着圆锥形的官帽，以显示他们的身份。他们经过的时候，轿帘会被拉向一边，露出他们庄重的中国脑袋，随骡子的步伐晃动，好奇地看着我们。

现在，我们到了沙漠的延伸地带，穿过一些村庄。这些村庄曾经是富有的城市，但现在却非常穷困，村里有破败的堡垒：宝山，方形城墙经风吹日晒裂了很多缺口，从缺口处能看到里面有一小片土屋，围绕着一座小庙，就村庄现在的规模而言，城墙太过宽敞了；然后是柳荫下的石峪勒、土堡垒围着的胡里坝、让人想起满族村落的沙巢，以及让人什么都想不起来的卞家铺。阳光直射着我们，令人思绪混乱。时光单调地流走，闷热而压抑。我们开车慢慢走着（牲口们已经回到了南口），渴望能走近某个有人住的地方，将希望模糊地寄托在下一个村庄。我们搜寻着，匆忙开过去，似乎一看到它，疲劳、炎热、忧伤和令人头晕目眩的光线就会消失。我们不断向前，期望在前方出现的每一个村庄中发现一些新奇的东西。苦力们的兴奋劲儿已经过去了，只能听到沉重的脚步声、人们的喘气声和车轮碾轧沙地的声音。埃托尔的命令不时打破沉闷，车喇叭突然响起。暂停！前面遇到了一个难关。

我们几乎盼望遇到难关，好让我们意识到当前的处境。人群一阵嘈杂，手和脑动了起来。"这里，把铲子递过来！锄头！给右轮挖条路。拉！我们把这块石头挪开。快走，去拿铁撬棍！注意！一，二，三！"我们的小队伍在这荒凉之地兴奋起来，苦力们再次将绳子放在肩上，喊着"啦欸——啦欸——啦！"向前。

在一间孤零零的小屋的墙上，我们发现了"德意志军用电报"的字样，这是国际间交流的标志。人们很尊敬这些文字，以为这或许是西方的圣言。这是浮华的武力入侵的唯一遗留物。

我们来到怀来县城，南面山顶上有一座庙。欧洲人曾将那座庙当作兵营用了几个星期。

我们停了下来，让苦力们休息一个小时，他们进了城，将我们到达的消息传了出去。于是怀来城里的人成群结队地跑出来看我们。我们听到一大群人正走向城门。最先出来的是小孩，作为人群的先头部队。几分钟后，我们就被数百人包围了，他们微笑而恭敬地涌向汽车。他们仔细看着，怯生生地摸着，然后大胆地问我们问题，欢迎我们，钦佩我们。很多人举起提着鸟笼的手，因为天气好的时候，每个生活宽裕的中国人都会出来遛鸟，这是他们的主要工作：一项优雅而又传统的消遣活动。

与此同时，我们正在吃奶酪和咸牛肉罐头作为午餐。怀来人看到我们吃东西很兴奋，他们讨论着我们的食物，一位老人比划着说想尝尝。他不吃奶酪，但似乎对肉很满意，并把他的观点传给了其他人，人们相互议论着。老人还想尝尝我们喝的东西，我们把酒瓶递给他，起初他傲慢地不愿碰玻璃瓶，犹豫了一下，他把酒送到嘴边，喝一小口，品了品，又喝一小口，最后他竖起瓶子咕嘟咕嘟全喝光了。这样他就成了欧洲人的朋友，他眨着小眼睛对我们微笑，喋喋不休地跟我们说话，还在乡民的喝

伊塔拉车停在直隶怀来城的城墙外面（博盖塞亲王拍摄）

我们的汽车引来了好奇的中国人围观

彩声中跳上了汽车。他学会了按喇叭，开心地按着。苦力们回来，我们要重新上路时候，没费任何力气就把他请下了车。

路上，我们穿过了又一些土屋的村庄、破败的小庙、孤零零的木屋和似乎被大城镇抛弃的小房子。房门上插一根挂着红布的棍子的是为旅人歇脚的地方，或是赶骡子的人住的小旅店，苦力们会停下来匆忙喝杯茶，买几块糕点。

很多小村庄看上去没有人住，一个人影都看不到，也听不到任何声音。他们似乎藏起来了，或者向我们传达这样的信息："保持安全距离！"例如大土木镇，一个有着高高的垮塌的城墙的镇子，看上去像是几百年前的遗迹。

路更窄了，路面被水流冲刷得深陷到砂石里。我们走在河床上，四周都是凌晨时看到的高大的山峦——闪着刺眼的金黄色，一片草叶都没有。我们登上的第二座将北京和蒙古隔开的山——这是三分之二。如果一个人穿过三道岩架三片高原抵达寺庙门口，他就到了亚洲的中心位置。我们的左下方，洒满阳光的天际，是山西的大峡谷。

有些地方汽车几乎过不去，必须格外小心。时不时要用到镐，快速而准确地测量前面的路宽。有时知道前行很危险，就要一只眼盯着车轴，一只手准备好一旦需要马上握住刹

在大土木镇的古老城墙下（博盖塞亲王拍摄）

车，将汽车停下。

在距岔道村大约30英里的土木沟村，我们似乎突然走出了山地，一片绿色的平原展现在眼前，召唤我们尽情奔驰。我们对召唤做出了回应，"停！"我们向苦力们喊。他们的疲惫神奇地消失了。不一会儿，苦力们就在彼得罗的指挥下聚在了一边，那三头牲畜也解下了。我们把绳子卷起来，展开了小小的旗帜。转一下操纵杆，汽车就开始轰鸣了。我们跳进车，出发了。在弯曲不平的小路上，只要能跑起来，就不管坑坑洼洼，不管颠簸摇晃。车速没有达到最高，但我们已经感觉像在飞了。遇到积了雨水的大坑，我们径直开过去，溅起水和泥巴，激起的水花透过车泼到我们身上。我们大声笑着，说着，像喝醉了似的。经历了长时间的沉寂，耐着性子缓慢前进，而今终于可以解脱了。而且，做一件前无古人的事，令我们感到极大的满足。我们斗志昂扬，满怀胜利的喜悦，却又感到有些难以置信——在这样的国家参加这样的赛事，多么罕见！透过树丛，可以看到佛塔的塔尖。似乎我们正打破一千年的静寂，似乎我们的飞驰第一次给了这沉睡的土地一个觉醒的信号。我们心中满是文明的自豪感，知道我们所代表的不只是自己。飞驰是欧洲文明的象征，使我们黯然失色。欧洲的热切渴望及其力量、所有进步的真实秘诀，简而言之就是——更快！我们的人生被这种强烈的愿望追赶着，这种永不知足的痛苦，这种一味的痴迷——更快！在永恒不变的中国，我们仍然保持着热衷于向前的本质。

我们穿过了大大小小的村庄，孩子们光着身子跑开，大人们惊讶而冷静地看着我们。他们穿着比北京人更加奇怪更加漂亮的衣服，或许更加古老，有绿色、红色、白色、黄色、蓝色等各种明亮的颜色。全世界的乡下人都喜欢斑斓的色彩，也许是因为他们被鲜花环绕。房屋门口聚集了一小群人，在阳光下面显得生气勃勃。上面是传统的中式屋顶，画出优美的曲线。远东并没有给我们留下更为强烈的感觉，因为我们开得很快。

听到汽车的声音，劳作的人们从绿油油的田间抬起了头，手搭凉棚地看着我们。有人喊："火车来了！"有些人重复。他们看了一眼之后，便都继续干活了，不会再看第二眼，相信传说中的火车果然来了。但这件事对他们而言没有什么意义，对下面的大多数人意义都不大。我们经过一个在水渠边洗衣服的女人，她瞟了我们一眼就继续洗衣服了，似乎每天都有几百辆汽车经过。相反，在别处，人们呼朋唤友地来看我们，跟在我们后面跑，黄色的脸上充满惊讶，这个国家的人真是难以捉摸。说不定汽车的到来在几个村庄中产生的不同影响，可以反映出他们祖先的真正不同——蒙古人好奇心强，汉人无动于衷？

我们到了一个叫东八里的城镇，城门太窄了汽车开不进去，所以我们慢慢地沿乡间小道绕开了。在一个村里，我们停下来取水。车渴了，我们也是。一个好心人围上来，给我们清凉的水，开始检视汽车底部。他们互相讨论着，走近了些，有些胆大的年轻人弯下腰，趴在地上，以便更好地看飞轮。他们都弯下了腰，显然飞轮让他们很疑惑。我们也看，徒劳地想发现什么让他们这么感兴趣，这场面一定很滑稽。最后，一个人鼓起勇气，比划着请我们解释。啊！我们终于明白了，他们问的是："牲畜在哪儿？"马不在前面，那就一定在里面。"实际上，"一个人指着桶模仿着，"实际上，它从洞里喝水！"然而很难发现这可怜的牲畜被关在了哪儿，是怎么被关进去的。埃托尔试图给他们演示一下，打开引擎盖露出汽缸。但人们还是锲而不舍地看车底，直到我们离开依然迷惑不解。

我们赶上了当天早上超过我们的轿子。看到我们过来，赶骡子的人马上跳下来，勒住怕生的骡子，骡子抬起了前腿。轿子停在了路边，因为骡子们不愿意走了。从拉起的帘子里，轿子里严肃的人疑惑地看了我们一下，带有些许顾忌。我们疾驰而过，高兴地大喊"再会"。这是我们的"复仇"。

当天晚上，我们停在一个漂亮的小村子里。村子名叫新保安，是个男性主宰的古村。城墙里的世界宁静而迷人：唯一的声音是鸟儿的歌声。每扇门的门楣上都挂着两三只笼子，笼子里装着从沙漠捉来的云雀。云雀婉转啼鸣，悦耳的旋律在空中回荡。这里的人们喜欢听云雀唱歌，因为他们都坐在门口。蒙古人捉来的这些鸟儿，汉人非常喜欢，超过了任何其他声音，他们似乎从中感到了神性。

穿过村庄的路被水淹了，形成一个小湖，倒映出房屋和蓝天的影子。这个湖似乎存在很长时间了，因为这些水似乎得到了尊重，旁边长出了柳树，柔波荡漾。人们沿高处绕着走，村子里没有马车经过。

前方走来一支队伍，呈现出古旧的景象。一头披着红绸的白色骡子上，坐着一位盛装打扮的女子，脸颊涂得白里透粉，嘴唇红得鲜艳，头发上插着花：就像从乾隆年间的花瓶上走下来似的。北京的风俗没有延伸到这偏远的地方，这里仍保留着几百年前的风俗。女子前后都有随从，或许她正要去参加宴会。她走过一座小拱桥时，我们停下来看着她。看到我们，她优雅地用袖子遮住了脸。

我们在村子里四处闲逛，车留在城墙外的商队驿站里。回来的时候，院子里满是人、骆驼、马车和马，来了一些驼队。驿站的人非常忙碌，为牲畜们称出许多草料，跑着为客人们端来饭菜。院子的一角有一位术士，点着一根蜡烛，嘴里念念有词，正作法祝祷一头病弱的老骡子好起来。那头骡子顺从地听着，旁边围了一圈安静的看客。厨房里浓烟滚滚，火力全开，蜡烛微红的光映出厨子们忙碌的身影，他们赤着膊，汗水闪闪发光，弓着腰，就像古老的铁匠。汽车旁边围着另一群一定要看"牲畜"的人，我们终于相信，在这些农民的心目中，一头牲畜是对这急速行驶的新事物最合理的解释。只是，最佳解释在于，里面不是一匹马，而是某个未知的大动物，当他们听到车喇叭响时，他们说这就是那动物的叫声。在这骚动的各色人等中，居然还有两名俄罗斯士兵，上好了刺刀，俄国公使馆派他们去保卫张家口和恰克图间的俄国邮政。他们从北京过来，给我们提供了其他车辆的信息：昨天晚上才到八达岭。士兵们在长城边遇到了他们，他们说要在怀来过夜。从早上我们才开了大约40英里，其他人会在张家口赶上我们。

一个声音传来："晚饭准备好了！"彼得罗出现了，得意地端出他亲手做的饭，在蒸腾的气雾中笑着。彼得罗居然还会做饭！

晚饭过后，入睡之前，我们坐在房间外面抽着雪茄，繁星点点的窗外，有一座高山的暗影。

"那是鸡鸣山。"博盖塞亲王说。

我们停车去找水

在一个中国驿站的庭院里

"还要爬山？"

"对，而且很艰险。山那面就是张家口了。"

"我们能过得去吗？"

"谁知道？明天是野外活动日。"

的确是这样。

我们出发的时候天还没亮，除了星光之外，几乎没有其他光线，路很难看得清。苦力们领头的老人对这些地方很熟悉，走在我们前面开路。我们不能冒险开车前行，而且，走进鸡鸣山之前，只有几英里平地。苦力们轻松地拖着车，跟在骡子、驴和马后面。太阳升起的时候，我们来到了一座孤立的大山脚下，这就是连崖庙山。

在连崖庙山的阴影下

连崖庙是一座独立的山峰，君临四周的群山，颇有帝王之气。山麓的南边是洋河，河水从巨大的岩石上飞流直下。从北京到张家口的道路经过衡河，我们一会儿沿河岸而行，一会儿上山，一会儿下坡，一会儿流经沙地，一会儿又回到岩石上，直到最后沿山而转，离开衡河，拐上一条通往宣化府台地的道路。张家口就坐落在这里。

在连崖庙的山脚坐落着鸡鸣驿，在城墙的拐角处，可以看得见一些高耸的宝塔和寺庙，寺庙的飞檐上装饰着龙和铜铃。然而城内的情况什么也看不见，它被高大而方正的城墙围得严严实实，就跟中国其他的城市一样：那些奇特的神秘的城市，我们路过却一眼也看不到，它们将自己与好奇的陌生人隔绝开来，就像对待敌人似的。人们从寂静而坚固的堡垒外面走过，而墙的另一侧便是人群、道路、房屋、市场、欢笑与悲伤。在中国，几乎所有的地方都用高墙圈了起来：疆土、城市、寺庙、宅院，似乎被囚禁成了中国人的生活理想。

经过了这个城市，我们就来到了笼罩在连崖庙大山阴影中的衡河边上。河两岸岩石遍布，高过我们。

峻峭的山顶上有一座寺庙。我们吃惊地问：这座庙是怎么建造起来的？彼得罗急忙解释：此庙并非凡人所建，凡人建不出这样的庙，它是佛祖亲自建造的。几百年前，他变成一位老婆婆下凡，一夜之间就建起了这座庙。同一天晚上，他又变成了老公公，在衡河上建造了一座桥，这座桥的遗迹现在仍然能够看到。他一面说，一面把河边灌木丛中残存的两个桥墩遗址指给我们看。

需要指出的是，一位神仙变成老公公或者老婆婆的形象，降临凡间做大事，这种传说在远东非常常见。这座寺庙和桥使我想起，在日本，观音也曾经在一夜之间化作老公公和老婆婆两种形象，将自己的双重形象刻在巨大的树干上。其中一幅图像在镰仓，仍然有很多人祭拜，我亲眼见过。亚洲传说中，神性通常与年长相结合，或许因为这两者都值得尊崇。

由于降雨，衡河有些涨水。它那宽阔而污浊的河水在沙砾河床上时涨时落，变化多端。有一处地方，山体突然向外伸延，一直触到了河流的边上。当河水浅的时候，大篷车商队往往在这儿涉水渡河，然后再走对岸的一条路，但我们不能在翻滚的波浪中冒险过河。有一条山间小径凸现在我们面前，又马上消失在了岩石中。我们决定就走这条路，于是开始登山。

伊塔拉车正在过衡河上的一座桥

　　这条山路是在岩石上凿出来的，它随着山坡的形状蜿蜒曲折。有时候一个急转弯，使我们只能看见前面十步距离的路，还有一些地方则给人以站在悬崖之上的感觉。我们从来都猜不出它的走向，惊诧接连不断。我们的右边是陡峭的石壁，而左边却是万丈深渊，其底部就是衡河。我们向上爬着，对岸逐渐出现了一道长长的风景——桑干河峡谷和黄羊山，就像幽灵一样阴暗可怕，那里通向山西。有时这条路变得更为狭窄，有时窄到容不下车轮，险象环生。山脊上曾建着城墙，有的已经坍塌了，有的正在坍塌。从下往上看，感觉就像悬在半空中，沿衡河前进的驼队小得像蚂蚁。有时巨石悬挂在头顶，我们本能地停下脚步，慢慢通过。

　　在这样危险的山路上操纵汽车前进成了

一种令人筋疲力尽，几乎无法完成的任务。我们跟苦力们一起，有时用肩顶着车轮，有时拉着绳子指挥方向。中国苦力此时的表现值得赞赏，我们的热情和渴望感染了他们。他们全心全意地干活，对工作怀有雄心，已经学会了克服困难和障碍的有效方法，并能依靠自己的经验和知识，主动地去解决一些难题，而不是等待指令。他们观察我们的手势，尽力猜测我们的想法。他们已经完全理解了转向系统，每当看到前轮被卡在石缝里不能有效转向的时候，他们就会跑上来，从最佳的角度把车轮推出来，就像埃托尔掌控着车一样。我们语句中的的一些词对他们而言也不是秘密了，orza（用力）、avanti（前进）、fermi（停住）、piano（慢点）、attenti（注意）等意大利词语，他们已经完全能够听懂。除此之外，他们还有无穷无尽的幽默，不管在什么情况下都能自得其乐。经历完辛苦和危险，他们就会大声欢呼。一番惊心动魄的努力过后，他们一边喘着气，一边唱起歌来庆祝他们小小的胜利。他们平时有说不完的笑话，直到"注意"的命令又使他们安静下来，竭尽全力地拉起车来。他们看到我们也随时准备卷起袖子加入他们的行列，干起活来就更卖力了，因为这使他们对自己的工作有了一种自豪感。如果他们对所从事的工作感到些许委屈，那么看到我们加入的时候，他们又觉得这项工作高贵了起来。

我们不知道时间，我们也不想知道。这样的旅程最好把手表丢在家里，因为它会证明时间过得很慢，这令人泄气。停留在错觉里也不错，人们经常会有干了很长时间活、走了很长的路、快到休息的地点和时间了的错觉，这时候手表就会告诉你——"可怜的朋友，你刚刚没干多少。离傍晚还早着呢。一个小时你才走了两英里。"那时一小时似乎很漫长，如果累了，会觉得疲惫不堪，如果疲惫不堪了，会觉得完成不了。

我们处在时间之外，仿佛在不知不觉中已经爬了好几个小时的山，渐渐习惯了这种永无止歇的感觉，使我们想放弃了。骄阳高照，把山岩烤得火热，手一碰就感觉好像被灼伤似

翻山越岭　43

从我们的汽车里眺望远山的景色：衡河的河床和一个行走在羊肠小道上的骆驼商队

意大利的汽车与中国的骆驼商队在衡河边上会合在一起

的。空气似乎凝固住了，滚烫滚烫的，人们就像置身于一个火炉之中。有些苦力光着膀子，绳子深深地嵌入了他们肩膀的古铜色肌肉之中，在皮肤上留下了皱纹。这些职业挑夫的肩膀因平时挑担和挑水而变得异常坚硬，他们对于绳索和皮肤之间的摩擦似乎毫无感觉，很少会把绳子从一个肩膀换到另一个肩膀。

突然间，这种攀登就结束了。下山的路也是在山崖上凿出来的，但看起来显得更加陡峭和险峻。大家把绳索重新系到了车后的轴鞘上，所有的努力都换了一个方向，即尽量拉住汽车，不让它往下滑得太快。所有的人都在车后排成了两行，就像是参加拔河比赛那样。司机埃托尔把汽车排档挂到了最慢的一挡，这样即使绳子崩断，刹车失灵，汽车也不会倒栽葱翻下去，而是会被低速挡所阻止。这样汽车还能控制。

等大家都准备完毕之后，"前进"的命令便发出了。可令人吃惊的是，这灰色的怪物一头往前扎了下去，像是要为刚才老是被往上拽而采取报复。现在是汽车乘人不备之时，自己要往前跑，而且要把大家都一起拖着跑。它似乎正瞅准复仇的时机，不愿再受任何束缚。一时间刹车似乎失灵，只要稍一松劲，这庞大的汽车就会拖着大家一起往前冲去。所有的人，无论是中国苦力还是我们自己，都拼命向后倾斜身体，下巴顶在胸脯上，双脚紧钉着地面，双臂和膝盖都用尽全力，牙关紧闭，屏住呼吸。大家把吃奶的力气都用上了。但这仅仅持续了一瞬间，刚刚添过润滑油的新刹车在关键时刻还是及时发挥了作用。埃托尔深知这部汽车的性能，并且对它很有信心。每当我们想要停住车的时候，就往车轮下塞大石头，就像建造路障防御敌人似的，然后休息一会儿。汽车顽固地弯腰向前，拉汽车的绳子歪歪扭扭地拖在地上，就像是汽车的两条尾巴。不一会儿，汽车便又下到了平地上，重新开始在高山与衡河之间穿行起来。

这条路将我们引向一个叫上花园的村庄，村庄半掩在厚密的柳树林里，四周都是稻田。路变得泥泞起来，雨后油腻、漆黑、潮湿的路面，为汽车行驶。泥淹没了车轮一半的辐条，成片地粘在车身和轮胎上，让车轮变成了奇怪的形状，车子就像在泥里打滚似的。我们的鞋也遭遇了不幸，上面覆盖了一层泥，我们只好时不时地用力甩甩。我们打滑了，步伐变得沉重起来，苦力们每过一会儿就得歇一歇。我们遇到了一支运蒙古毛皮的骡队，两头骡子被我们的车吓到了，走出了小路，马上就被泥埋到膝盖了。

靠近村庄的路上有很多水，左右两侧都是稻田，稻田四周围着高堤，里面也被水覆盖了，我们没有别的选择，只能继续向前。苦力们挽起裤腿走进水里，涉水的这段路程似乎可以很快通过，我们满怀希望地打量着这段距离：再过两分钟，我们就安全了。但水在我们脚下冒泡，突然，车停下了。

"前进！前进！"埃托尔喊道。

"傻瓜！"我们惊叫，"他们选在这个时候休息！"

"快拉！现在停下来很危险，我们正在下陷。"

但这些可怜的人不是故意停下来的，他们很清楚当前的危险处境，正尽可能地使劲拉着。那三头牲畜将腿绷直，瘦弱的脖颈向前伸出。绳子拉紧，车底座在抖动，却是徒劳：

大家齐心协力，将汽车拉出了泥潭

沿着山崖上开凿的小路，把汽车拉上连崖庙山的苦力们

车似乎钉在地上了。他们试了好几次想要挪动它，有时慢慢用力，有时突然猛拉，各种方法都用了。我们正要把链子系在树上，用滑轮来拉，但中国人用光着的脚在水里感觉到，轮子是被什么东西卡住了。彼得罗汇报说——

"大石头。"

"一块大石头？可以用铁杆。"

如果需要的话，我们可以拆毁一座山。苦力们用手寻找设置杠杆的地方，发现形成障碍的不是一块石头，彼得罗解释——

"大树根。"

挡在我们路上的是不远处一棵大柳树的根，柳树开心地伸出绿色的枝条，对我们的困境无动于衷，装作与此无关。只能用斧子砍掉树根——这是行车过程中的一种新体验。每个人看到我们，都以为我们在从事切断水流的巨大工程。一根棍子插在底部，标记出要砍的位置，一下接一下平稳地砍着。砍断了的根用绳子系住，拉出来，扔在一边，直到轮子彻底解放出来，我们把汽车迅速拉出沼泽，走了好几英里才停下来。走在一条没有障碍的路上真令人开心。我们又回到河床上，穿过田野、树林和村庄。每到一处水井，我们就停下来，在清水中洗手洗脸。

"你们要去哪儿？"

我们穿过一座坚固却被废弃的寺庙时，耳边响起了这个用英语提问的问题。我们震惊地转过身来，只看到一位中国人坐在树荫下看着我们。刚才是他问我们的吗？是的。

"你们要去哪儿？"他问。

"去张家口。你呢，你是谁？"

"我是张家口铁路的一名工程师。"

"你在做什么？"

"我在研究。"

"你在研究什么？"

"张家口铁路。"

在洋河边的路上，伊塔拉车陷入了泥潭

"祝你研究顺利。"

"等一下。"

"怎么了？"

"我想说：'你们好。'"这位工程师停止研究铁路——虽然看上去像在休息，他勇敢地走上前来向我们展示他了解的欧洲习俗。他跟我们每个人都一一握手，不停地说"再见，再见"，然后就回到他的树荫底下了。

紧张的时刻

我们在山水铺村的一个小旅店停下来吃烙饼，旅店的院子里突然响起两匹马的飞驰声，两名中国士兵跳下马。他们衣衫又脏又破，背着子弹袋，肩上挎着步枪，腰带上插着宽匕首，这是劫匪的全部装扮。彼得罗跑向我们。

"宣化府的士兵！"他对我们喊道。

"他们想做什么？"

"依长官的命令来看我们。"

劫匪们看了看我们，上马，又消失了。

很快，我们就重新上路了，刚走出大山不久就又回到了它的手心里，两座红色顶峰的支脉出现在前面。还要过两座山！于是我们又开始在山间艰难前行。

但这路比我们走过的所有路都要艰难。我们需要战胜的不是连崖庙山那样长长的陡坡，而是裸露的花岗岩形成的障碍，我们在坑坑洼洼、裂缝和尖角遍布的岩石上颠簸前行。几百年来，水流、骡子和骆驼的蹄子，几乎没有将这最为崎岖的窄径变得和缓一些。无论我们多么小心，多么缓慢，汽车都随路面而摇摇晃晃，有轮子不停地卡在石头里，因路面凸起而颠簸着滑下去，轮圈伤痕累累。我们紧张地听着底座被拖得吱嘎作响，听着树林或轮子细小的喘息声，听着数不过来、难以分辨的不知道

伊塔拉车涉水越过一条溪流

苦力们拉着汽车，行走在山脊上

是车哪一部分发出来的声音，那是钢铁承受破坏而发出的呻吟声。汽车的每个部分都承受着我们没有预料到的压力，这些声音是细小问题的体现，而这些问题则很可能是灾难性破坏的开端。汽车的骨架在承受磨难，这反映出它的疲劳，而汽车的疲劳不能通过休息恢复过来。有时每走一步就会出现一个新问题。埃托尔握着方向盘站着，以便更好地观察车轮附近的路况，他的手因车轮不受控制地强烈震颤而受伤了。

突然，两名苦力叫嚷着扔下绳子，打了起来。其他所有苦力也都丢下绳子，叫喊着加入了打斗。领头的老人使出全身力气吹哨，彼得罗也站了起来，大声喊着。我们不知道发生了什么，这是暴动？叛乱？我们冲向这些乱成一团的人，就像处理暴力示威的警察，挤进人群中，控制住了挑头的两个中国人，当时他们正揪着彼此的辫子挠脸，像是女人打架一般。

"怎么了？"我们怒吼。"干活去！"

"彼得罗，发生什么事了？"

彼得罗把缘由解释给我们听，我们听了之后哈哈大笑，两个苦力是为了荣誉而起了纠纷。一个人对另一个人说："你不干活，那还过来干什么？"这种辱骂很严重，被骂的那个苦力是个小伙子，但长得有点像小姑娘，所以得了"小姐"的绰号（至少我们这么称呼他）。他很生气，就去揪骂他的那个人的辫子，任何一个正常的中国人都受不了这样，其他人不得不去阻止他们。

"彼得罗，这要怎么结束？"

"已经结束了，"他惊讶地回答，"揪了辫子，就结束了。"

的确，刚才打架的那两个人拉着同一根绳子，仍然肩并肩地干活，一点儿也不愤恨。如果不是脸上留了一些划痕，他们时不时用袖子擦擦，这场打斗似乎根本没发生过。

翻山越岭

伊塔拉车在翻山时进入了一个狭窄的关隘

艰险的路况马上引起了我们的注意。

道路非常狭窄，伸开双臂，就能碰到两侧的岩石。我们心惊胆战地穿过这些羊肠小道，感觉汽车一定会卡在这里，走回去是不可能了。路的两侧倾斜，经常会有一只轮子翘到路边的岩石上，车就这么斜着前行。操纵这辆车需要锐利的眼睛和精准的判断，就只差几寸，更确切地说，就差一寸。有时埃托尔将刹车踩到底，将车停下，沮丧地转头喊："我们前进不了了！"

于是我们拿起镐，掘出一些突起的石头，量量宽度，再试一次，对苦力们大喊："慢慢的！"我们的声音在四周回响，群山似乎一起说："慢慢的！"

后轮面临着最大的危险，有时候它们被压在底下、挤在一起，几乎要构成V形。我们担心轮胎和车轴会坏掉。但令我们松一口气的是，它们会马上恢复原状。好几次我克制不住地想，或许那些支持小汽车的人才是对的，车子只要窄三寸，我们闭着眼都能过去。转弯的时候，传来了碰撞声和不祥的吱嘎声。"那儿！"我们苦恼地叫喊，车的一侧猛烈地撞上了什么东西。幸运的是，只是挡泥板撞裂了，踏板被撞得向后弯曲。埃托尔气得直哆嗦，他宁可用半条命换取走出这无穷无尽的峡谷。

看到蒙古

很快，狭窄的小路变成了沙地。岩石越来越小，沙地越来越广。从蒙古刮来的狂风在山侧堆起了沙丘，将岩石埋在地下。峡谷中宽广的沙地形成光滑的斜坡，就像金黄的河流。我们沿长长的驼队走过的路，逐渐来到了圆形的沙丘中，展现在眼前的是蒙古高原，在清澈的天空下，它就像深蓝而阴暗的大海。

广袤的草原和沙漠正等着我们，一条自由地通往西方的路。

我们把帽子抛向天空，兴奋地大喊："万岁！"

五、行走在蒙古草原之边

中国官员子弟的好奇心

蒙古大草原高达6000多英尺，似乎比最高的山还要高，像海一样广阔，像巨浪一样奔涌。据说中国是一个充满矛盾的国家，眼前的景象就可以作证：山比平原还低，比一望无际的草原低一些的，是张家口山脉的隐隐轮廓，山顶上散布着长城的烽火台。

通往目的地的路一望无际，让我们重新燃起了前进的勇气。虽然我们已经连续行走12个小时，但此时疲劳消失了。前进，前进！我们鼓励自己，不断奋勇向前，爬上了通往宣化府沙地平原的沙丘。上午经过的连崖庙山离我们渐渐远去，消失在远方。

平原上有很多古墓、破败的拱门、纪念碑、坍塌的小佛塔。我们正驶近一座大城市，在中国，通往大城市的路对亡灵而言非常神圣，死亡让所有葬在这里的人变得圣洁，他们的灵魂对生者而言意义重大，影响深远。

宣化府是这一地区的首府，是当地政府的所在地。这里有驻军守护，还有一座小堡垒。堡垒是西方入侵时建造的，掩映在城外一丛赤杨林里。我们已经能看到城墙上向外凸起的城垛了，平原上有地方着了火，城垛在烟雾中若隐若现。前方突然涌起阵阵尘土，由远及近从宣化府方向朝我们这边移动，吸引了我们的注意。待走近了，才发现是一小队骑兵。这些人向我们快速冲来，看上去是一群中国人，至少从穿着上可以这样判断。领头的是两位长相有些凶悍的士兵，我们在山水埠吃烙饼的时候他们来看过我们：他们一定是有什么跟我们相关的目的。他们径直朝我们走来，没有打招呼，一脸不悦地盯着我们看了几分钟，便调转马头飞奔而去了。

我们开始还以为他们是过来问候我们并表达他们的热情的，还自作多情地准备了一肚子问候和赞美的话，实在不理解他们的怪异举动。不过彼得罗倒是逮着机会与其中一位士兵交谈了几句。

他告诉我们：

"看到马背上那个穿蓝色丝质服装的年轻人了吗？在最前面，其他人都跟在后面的那个？"他问我们。

"看到了。怎么？"

"那个年轻人是中国官员的儿子。看到那个戴眼镜、草帽跟我的一样的胖男人了吗？他是个睿智的人，是那位官家弟子的老师。其他那些都是朋友、军官、随从……"

"但他们想干吗？"

"来看车子是如何开的。但车没开，所以他们都很失望地走了。"

实际上，这不能怪他们。宣化府官员的儿子毫无疑问是个进步青年，不是每天都有机会看到像风一样疾驶的西方机器。有一天他接到外务部的电报，电报中说一辆汽车将经过此地。而后他得知，一辆汽车无所顾忌地飞速穿过城市和村庄，在新保安过夜，他派兵前去查看，士兵们飞奔回来，告诉他汽车快要到了。为了看到汽车开起来，显然有必要到很远的地方，于是匆忙做了一次考察。在考察途中，这外国的神物从天边出现了，而且越来越近：似乎走得很慢，或许是因为太心急了……又等了一会儿，官员的儿子、他的老师和朋友们发现他们等的是一个慢吞吞的庞然大物，这辆车由一头小驴、一头骡子和一匹马拉着，一队天朝子民从旁协助……不，的确，不能责备他们的厌恶之心！

城墙外有一大批人等着我们，城里似乎已经人满为患，溢出来了。骑马的官员们的举动引起了他们的好奇心，他们围着我们，涌起最可怕的尘土，陪我们一直到了商队旅馆。

我们这次进城真称不上得意，人们像欢迎马戏团一样欢迎我们。我们旁边都是无忧无虑、满怀好奇、衣衫褴褛的人们，正等着看一场演出，而帽子伸到面前时又避开。

我们走进旅馆的院子，人们也跟着我们进来。汽车停在院子中间，人们围着它站成一圈，没有什么办法可以驱散这些人。如果是你，你会怎么办？在这里，他们几乎看不到欧洲人，与我们几乎没有接触，没有任何途径了解我们，所以他们并不恨我们。他们善良而又有耐心，对我们的穿着很感兴趣，从帽子到鞋子都很欣赏，微笑着听我们说话——等待着。他们等待着神奇的人展现神奇的事。我们的苦力们对汽车的描述，更助长了人们的好奇心。

埃托尔的自尊心在这种情况下受到了挑战。埃托尔很痛苦，从我们遇到那位官员的儿子开始，他就想摆脱牵引的绳子，全速开进宣化府。最后他突然觉得要宣泄一下自己的情感，转了转汽车操纵杆，握住方向盘，发动启动杆，汽车就向前冲去，绕着院子疾驶起来。人们乱成一团，吵闹着四散开来，不知道跑到哪里才安全。他们跑到这里，又跑到那里，像被跟一头发疯的公牛关在了一起。但他们很快发现，这头公牛被驯服了，它绕着水井平稳地跑了一圈又一圈，完全按照原路，一点也不想造成破坏！于是他们停下了。然而在这时，出现了对他们而言更大的危险。一队中国士兵带着棍子走进门，指挥官除了金绶带之外，看上去跟苦力没什么区别。棍子在人群中挥舞，落在很多人的肩上，但时间并不长，过了几秒钟它们就一个肩膀也打不着了：院子空了。

经过如此漂亮的一役，这些蒙古士兵排成了战略队形。有两个士兵在门旁边，两个在车旁边，有两个在路上当哨兵，军官驻扎在客栈的厨房里。我们可以毫无忧虑地休息：宣化府的官员给我们足够的保护和防御措施。过了一会儿，他派来一名代表问我们什么时候出发。他还能对我们表示出更高的尊重吗？

电报与鸦片

在宣化府，有一样东西我永远都忘不掉，

那就是电报局。我永远都忘不了那个神奇的地方,原因有很多,重要的是,因为我要走3英里才能到,当然,还要走3英里才能回来,那天我们走了30多英里。城墙内一条坚固的路上,电报电线从柱子垂到一间像寺庙一样静寂的房子上。这座寺庙里的两名官员完全沉浸在一项中国法律已经禁止的重要活动中。他们正抽着鸦片,手持烟枪平躺在炕上,四周弥漫着鸦片厚重、迟缓的烟云。

"可以发电报吗?"寒暄之后,我礼貌地问。

一片死寂。我坐了下来。几分钟后我再次开口:

"我想发电报……"

一个烟鬼靠近我,不知道处理了这房子的什么事,向门外看了一眼,然后叫了壶茶。

"麻烦您帮我发封电报好吗?"我又说。

这天朝官员模模糊糊开始明白。他看了看我,大概用一种行业英语说:

"与我们有直接联系的是张家口和……"

"和北京……我知道,但是……"

"跟张家口每天3个小时,跟……"

伊塔拉车经过了张家口附近一座古庙的门口

"跟北京3个小时，我知道。"

"从7点到11点跟……"

"跟张家口，我知道。好吧。谢谢。再见。"就这样我逃走了，充满热情的文字不能这样喷着烟气含混不清地在报社传播。

与沼泽奋战

我们打算从宣化府到张家口（25英里多）一路上都开车过去，只除了玉宝墩，那里有个

陡峭的山坡，但是很短，占了大约一半的路面。我们已经派了一些苦力去玉宝墩，他们午夜就离开了旅馆。然而我们发现，路况太糟糕了，不是泥泞就是石块，要么就是沙地，最开始的9英里只好再次依赖苦力。

6月14日早上5点，在中国人拖车行进的沉重脚步声中，我们缓慢启程。在沙丘脚下，开始穿越遍地黄沙的广袤平原。

从蒙古沙漠吹向中国边境的风夹杂着大量沙子，从北边聚集成了沙地。沙子覆盖在每块岩石上，覆盖在每个障碍物上，就像被旋风卷起的雪一样。宣化府的城墙上也有很多沙子，几乎都被掩埋了，只留下雉堞露在外面。

我们花了半个小时通过玉宝墩。这条狭窄的通道看上去很可怕，实际上还挺好走的，障碍物比40度角的斜坡还小，有一些突出来的大石块也很容易就能刨走。通道上有一条孤立的小路，比周围都高，所以被废弃了，路面铺的石头大概是从张家口另一面的西山运来的。这条小路是古代中国文明令人赞叹的遗迹，当时这里一定有真正的道路，而且一定很美。在那久远的年代，中国是什么样子？怎样的交通、怎样的财源在峡谷和平原上延展，通过平坦的大路和桥梁，一直伸向北京？那是几个世纪前的事了？

在一座树木掩映的雅致小庙里，我们停下来检修车辆，为开往张家口做好充足准备，这段路程我们要独立完成。赶骡子的人、农民和男孩们围着我们，苦力们甚至将我们出发的消息散布进了庙里。在通往庙门的最高一级台阶上，一个小和尚出来看了一下就回去了，过了一会儿再出来的时候带着一位颤颤巍巍的老和尚。那老和尚眼睛看不见，小和尚把这里发生

的事讲给他听，尽管老和尚看不到，但他也了解了在这片他从小生长的土地上，这辆神奇车子所进行的神奇之旅。

对我们而言，这位老和尚就像一个象征。围着我们的是否果真是一个独自生存在过去的民族，他们正目睹着另一文明的进入，目睹着一种未知的生活，然而却对这一切都毫不在意？除了一种神秘的激情之外，我们给他们留下了什么印象？

我们开始加速行驶，沿河岸和水流冲出来的小路蜿蜒前行。我们在一条宽阔的护城河底穿行时，泥泞阻止了我们的脚步。车轮空转，将泥浆溅出来，陷了下去。

"全速！退后！"博盖塞亲王喊。

车轮向反方向转，但车依然停在原地。

引擎发烫了，我们不得不等它冷却下来。正在这时，一些从张家口集市上回来的中国人路过，走在护城河顶上。我们想让他们帮忙，但是他们提着菜篮子晃晃悠悠地都跑掉了，那个冒烟的发出巨响的玩意儿吓到了他们。我们放弃了，然后准备等几个苦力。但是半个小时左右后，我们发现火辣辣的阳光把我们车轮子边上泛起的泥巴全部烤干了，变得很硬。我们重新努力，过了几分钟机器开始动了起来，虽然只是微微地向前挪动着。汽车的轮子以每小时60英里的速度旋转着，但车却以每小时60英寸的速度向前推动。我们成功地后退了一码，两码，五码，然后全速前进。可是它又陷进了车辙，冒着烟，咆哮着，时而发出小小的爆破声。它缓缓地震动着，向前挪到了干燥的地面。突然间，它像一只黑豹那样弹出了地面，冲向前方，自由了。

张家口

张家口隐藏在河谷豁口的树丛里。这座孤零零的中国城市在路口转角处突然映入眼帘，看起来像是福建织锦上的图案，多变而又美丽。它横跨一条很宽并且充满积雪的大河，河边有一座黑色而陡峭的西山。山上宝塔塔顶和寺庙庙顶参天耸立：它们参差不齐，有一小片乱糟糟的房屋、宫殿、树木，建筑和树木杂乱地排列着，似乎都堆在那座横跨大河的大石桥的另一端，等着人们从这里经过。

我们并没有从桥上横跨河流，这个古朴的石桥给了我们太多的灵感！我们决定涉水过河。我们驶下了河床，在那儿有一大群制革工人在洗蒙古羊皮，这些毛茸茸的羊皮让人以为是什么巨兽的皮革。

空气中充满了皮革的味道，这些味道来自于这个城市，而我们现在正进入这个城市。我们经过栅栏围着的小屋，感受着原始的气息和狂野的大自然。我们走进了他们的市场，到处都是带着毛皮帽子的蒙古人。这个市场到处都有靴子、手推车和马，我们的到来引起了一场骚动，人们惊奇地看着我们并且给我们让路。我们意识到自己开车所到之处，人们都安静了下来。一些穿着红色束腰服装的兵勇冲在最前面，后面是戴着肩章的骑兵，其中有一个骑兵庄严地举着一把红色庇护伞，这是个权威的象征，是对张家口知府表示尊敬。这位漂亮丰润的胖汉人，就像那些不停地点头说"好"的瓷像似的。

我们来到"上城"，它斜倾入谷。在路中间，有一个欧洲人在等我们。他叫多利亚柯先生，是当地华俄银行的分行行长，他热情地接待了我们。

我们愉快地接受了这位文明隐士的邀请。他远离同伴，独自住在这个中式的，或者说是中俄混合式样的房子里，这座房子让当地人见识了外币兑换的奥妙。银行的后院成了埃托尔的工作室，我们就在银行的办公室住了下来。几个小时之后，伊塔拉就卸下了包装，装满自己的水箱，恢复了往日的风采。我们最先储备的汽油和机油还储存在原来的罐子里。我们知道要在酷夏前行，所以采用了赛车式的开式排气，以尽量降低引擎的温度。排气装置安在引擎上，就像两个小小的留声机喇叭，炙热的烟雾一经引擎排出，就能马上散去。

埃托尔的工作有很多观众。

政府派了6个士兵把守银行入口，命令他们不准让任何人进。这绝对是个天大的错误，因为中国士兵一般来说都有父母、很多朋友和债主。士兵们对这些人通常非常友善，会让他们中的任何一个人自由出入，但问题是这6个中国士兵的朋友、债主、亲戚加起来差不多就相当于一个小城的全部人口了。因此，穿过一扇拦起来的由6个人把守的门，人们像流水一样源源不断地涌进来看我们。如果有12名士兵，那抢银行就是轻而易举的事了。

一些人爬上附近的房顶，一些人爬上西山，占据有利地形，完全无视滑坡的危险，虽然很多人因西山滑坡而丧命。所有人都从远处打探欧洲的秘密。

传教士们穿着中式服装，戴着漂亮的欧式帽子，来拜访我们。他们绘声绘色地向我们讲述了张家口可怕的义和团运动，如果他们没有及时逃脱，一定都成了刀下之鬼。其中一位为我们提供了蒙古各地域的有效信息，他对那里非常熟悉。多年来他经常去那里分发圣经，买马，做生意。

这里有三位俄罗斯人，也都来拜访我们。我们围坐在他们的俄式茶炊旁，听着三个低沉的声音，用忧伤的语调怀念西伯利亚。当时，我们这些欧洲人品着俄罗斯的茶水，尝着斯拉夫美食，似乎从中国首都出发，已经行进了几千英里。但事实上，我们才走了150英里，其中只有大约60英里开着车。

大总办与都统之间

这一天都用来社交了。中国官员不仅为我们提供了卫兵，还在全城发布了关于我们的公告。公告提醒张家口人我们到了，他们要视我们为朋友，我们没有敌意，因此他们要尊重我们。张家口人要给我们的车子让路，不要接近它，更不能碰它，因为这种行为可能会带来灾难，违者将被抓起来，罪名日后再议。告示上盖着红色方形官印，张家口人聚集起来读着。我们应该向官员们致谢，所以去拜访了外务部大总办。他大权在握，掌管整个蒙古地区，也几乎掌管着边境，他叫戴萃（Tai-Tsui）。

大总办的家里展开着一面绣龙黄旗，他正盛装等着我们，绣花礼服，礼帽的顶珠五彩斑斓，尾羽垂在高贵的颈后，彩色佩带，缎面鞋子。他看到我们之后，热情地拱手，行中国礼。每个人都拱了拱手，鞠躬，互相问候，祝愿长寿，等等，这些都伴着玫瑰或茉莉味的好茶，还有稀奇的甜点，大总办用留着长指甲、戴着黑玉戒指的手亲自端给我们，这是对我们极大的尊敬。

戴萃的考虑跟外务部其他官员相同,他问我们旅途中是否做了记录,沿途是否在观测什么。

"记录?观测?从来没有!"亲王说。

"在伊尔库茨克,"大总办问,"在伊尔库茨克,当然,你们会坐火车吧?"

"不。"

"可是所有穿过蒙古去往欧洲的人都在伊尔库茨克坐火车,"大总办惊讶地说,"很方便。10年之内这里也要通火车。"

拜访完大总办,我们拜访了都统,他是一位蒙古将军,北京的宫廷任命他掌管政府军——他权力很大,所有下级官员都要听命于他。张家口都统叫陈松(Chen Song)。他住的宫殿像一座寺庙,四周红墙围绕,高高的旗杆上写着"府"字,与军旗和上有龙形图案的国旗一起招展。

又是绣花礼服,又是带有长长的红流苏的礼帽、顶珠、玉饰、尾羽,又是彩色佩带和缎面鞋子,热情地拱手、鞠躬、互相问候,香茶、美酒、甜点。

都统也对铁路感兴趣,如果铁路完全是中国人的,但他不喜欢隧道。他曾在汉口铁路坐过火车,因此他对事情的判断不全是外行——他消息灵通,而且可以凭经验判断。只要是在露天旅行,一切都好,然而一旦进入"巷道",真是令人不悦。

"但并不危险。"博盖塞亲王说。

鞑靼将军知道并不危险,但接下来呢?这种不悦来自黑暗。

"你就假装是晚上。"博盖塞亲王微笑着建议。

"啊,不是一回事。"都统陈松通过翻译,继续解释他的意思。他所描述的区别将遮盖着中国人内心的罩纱拉起了一角,流露出一点点东方人的敏感。

"夜晚的黑暗跟隧道的黑暗完全不一样——没有一点相似之处。夜晚的黑暗是甜蜜的,而隧道的黑暗是残酷的;……就像欢乐和悲伤的区别一样……夜晚的黑暗是开放的,隧道的黑暗是封闭的……"

结束了对不同种类的黑暗的讨论,我们回到银行,刚好来得及接待大总办的拜访。汽车跟官员同时抵达,附近传来了人们的呼喊,提醒我们官员来了。一大群人抬着轿子在士兵的护卫下,走进院里,大总办走了下来。他身着彩绣盛装,戴着紫晶项链,手持扇子。华俄银行顿时充满了缎面衣物的沙沙声。

大总办走出来的时候,想看看汽车。他极大地赞美了不用嘴就能吹喇叭的神奇装置,仔细地看着汽车前进后退,考虑到我们和我们的(欧式)住所,按欧洲人的礼节跟我们握了握手,然后就回到了他的轿子里。"出发!""让开!"士兵们喊,举起了棍棒,队伍就离去了。

都统带着更为庞大的队伍来了。我们满怀自豪喝着茶水。出于礼貌,我们喝了一杯又一杯茶。夜幕已经降临,还是有很多人前来拜访,多利亚柯先生的茶炊像火车头一样一直运转。晚饭的时候鄂勒豪泰(E-Le-Ho-Tai)来了,他在外务部担任翻译官,可以说也可以写英语,但在与大总办会面时,没有机会将对我们的赞赏之情充分表达出来,因此他前来表达了。他穿着一件红色丝袍,像中国的红衣主教。他拿着贵重物品,一定要送给我们留作纪念。他给了亲王一个绣花大包,给了我一小包香草，就像中国人为清洁口气而咬的那些——闻起来像衣柜的气味，又给了埃托尔一个烟袋。鄂勒豪泰请求我们说他想坐一下汽车，我们同意了。我们这位正统的中国朋友似乎思想很自由，但在蒙古地区思想自由很危险：真实有效的"逐出教会公告"将违反者彻底摧毁！

一切就绪

西山山麓上有一座寺庙，庙里的一些和尚也来看汽车。庙里有一面锣，整个夜晚每分钟都会敲响。最后只剩下我们和那孤单、甜美、难以名状的声音，就像时时刻刻在警醒世人。想象将我们带往远方，而严肃的锣声又把我们拉回，像是只为我们而敲响似的。那声音在天地间回响，就像有规律的呼吸声，逐渐变成我们的知觉，更深远，更奇怪，像遥远的合唱，融合了一千种声音和一千种悲叹。从中似乎能听到传说中中国夜晚的声音。

第二天早上，6月15日，我们骑马勘察通往蒙古的路况。我们发现如果只靠汽车，可以走过一部分路程。最后的高地需要在苦力和骡子的帮助下才能完成，后面就是大草原了。经过了前几天的旅程，现在无论什么看上去都不是难事了，只有一个威胁——雨。如果遇到雨天，西山的峡谷会被突如其来的山洪淹没。这里的道路实际上就是河床，一旦山洪暴发，就没有任何逃生的希望。这种灾难时常发生，每场山洪都会给张家口带来人的尸体，夹杂着被连根拔起的树木和死掉的骡子、山羊。那天已经下了几个小时的雨，天空依然乌云密布，我们焦躁地等着其他汽车，他们已经到了宣化府。

从张家口到库伦的路有两条。其中主要的、广为人知的路叫官道，稍偏向西北，在大约500英里的赛乌素村分成了两支，一支一直向北抵达库伦，另一支向西跨越阿尔泰山一带，经由科布多，穿过卡尔美克人的领地，抵达塞米巴拉金斯克。第二条路在距离张家口大约25英里处向北拐，直抵库伦。人们常走第一条路，尽管要多走大约100英里，但沿途有邮路中转站和商店，因此中国的马车一般都喜欢走这条路。第二条路是驼队走的路，从头至尾几乎都是沙漠。中国人贴切地用马路和驼路的名称加以区分。我们选择走驼路，这个选择是有原因的，尽管看上去很奇怪。一般而言，交通，尤其是马车行经，都会破坏路面，使得汽车难以行进。而在蒙古，在戈壁沙漠，我们可以全速穿过这片未经开发的土地。对汽车而言，最好的路就是没有路的平原！

几年前，我们没有向导，不敢冒险穿过无边无际的蒙古草原和沙漠。而今，驼路上有了珍贵的向导——电报。只要沿电线杆走上大约800英里，就能到达库伦。在那些辽远的地方，在无边孤寂的中亚，靠近电报站，对我们而言，就是靠近我们自己的世界，这是我们做这个选择的另一原因。

16日早上8点，我们听到了大喊声。我们跑到路上。喊声就像一道闪电，穿过整座城，穿过大河上的桥，直到华俄银行："他们来了！"这宣布了我们的法国朋友的到来，他们此时正在进城。我们欢天喜地地与他们会面，互相握手，互相祝福，彼此讲述着遇到的困难。他们昨天晚上在离张家口30里的地方露宿，旅途同样充满艰辛，但也有很多欢乐：露天简陋的饭食，与暴雨抗争，黎明时被冻醒。

赛车手们在张家口进行了休整,所有的汽车都停在了华俄银行的大院里整装待发:左边是三轮肯特,中间是世爵,右边是两辆布顿

在连崖庙山,他们发现衡河的水位不高,可以渡河,所以就避开了我们走过的美丽而可恶的山坡,但没能避开其他更为艰险的山峦。

银行的院子顿时变成了工场,装机油和汽油的罐子、活动扳手、锤子、轮胎,到处都是,满地狼藉。汽车经过一番梳洗打扮,变得闪闪发光,温柔可人。车夫们满手是油,完全躺在车底下。他们转动手柄,拧下螺母,反复敲打,清理好一切。为了减轻汽车重量,所有不必要的部件都被丢掉了。庞斯在锯挡泥板,比扎克在除掉消音器(那些沉重的圆筒,将气体压缩,从而可以悄无声息地排出尾气)。然后,这些汽车经过测试、聆听、再次测试,院子里满是噪音和烟雾。黄昏时分,所有的汽车都准备好了。我们的行李多了一些羊皮外套,是彼得罗在集市上为我们买的。

热情的主人多利亚柯先生为我们举办了欢送宴会。我们很累,互相没什么可说的了,因为我们的脑海中怀着同样的想法,心里是同样的急不可耐。我们就要离开张家口了,离开一切与文明的联系。直到现在,如果需要,北京还能及时给我们提供帮助。我们穿过了人口密集的繁华地区,我们不停地被人群包围,如果我们需要折回,还是很容易的。现在离海并不远——那片可以带我们回家的海。而明天,我们就要独自出发,驶向未知。这是个决定性

伊塔拉车的车手们在整理行装，准备踏上新的征程

的时刻。坐热气球，这就是腾空而起的时刻。我们也到了"腾空而起"的时候，即将消失在广袤无垠的土地上。对我们而言，离开北京也不如现在这般意义重大，我们期盼而又焦虑地等待着。在北京，等着我们的是张家口；而在张家口，等着我们的是亚洲中部的一片神秘之地。库伦是最近的城市，在地图上有七倍远。

晚宴接近尾声的时候，法国人、意大利人以及我们的俄罗斯主人都如兄弟般碰杯，互致诚挚的祝福，之后各自散去。最后定了一下出发的时间。

"4点，行吗？"

"4点。晚安。"

"再见。"

六、在蒙古大草原上

在河床上

"我们今早离开张家口。现在是上午8点,我们正穿越蒙古边境。道路平坦。在西山脚下,我们驱车行驶了18英里,已经到了六七千英尺高风景秀丽的高原上了。"

这份草草书写于笔记本扉页的电报,我在6月17日早上交给了法国使馆一位年轻又热心助人的使馆专员,他骑马陪我们到了草原边上,我请他在夜幕降临之前从张家口电报局发出去。即便我交给他的是一封维系部队安危的文件,他也不会更为严肃,更为感激涕零。

报纸的记者通常会把失去联络看作重大事故。他有历史学家的热情,丢掉电讯就代表着在他所报道的即时历史中,有一段无可弥补的空白。而且,对于他仓促写成的报道,他有一种父亲般的爱意。他一直牵挂着这些报道,估量它们抵达报社的时间。他计算不同国家间的时差,想象着他的电讯在晚上印刷之前抵达编辑室,跟其他报道一起放在电灯下的一张大桌子上……如果弄丢了,就是叛徒!一旦一份电讯落在了某个人的口袋里,或是落在某条路边,这样的意外会让旅程、花销、劳力全都付

之东流。新闻是否及时也受很多因素影响,例如马的体力、中国人的忠诚度、天气状况。这种关乎自身作品命运的不确定性,对于身在远方的特派记者而言,是最艰险的考验之一。因为他必须依靠最直接的途径,将报道送到最近的电报局。他无法直接进行交流,他与同事们相互隔绝,只能在黑暗中关心一切,在犹疑中等待。我心里总是惦记着那封短讯是否送达,还有一个特殊原因,当时对我而言,像是在向全世界报道最重大的事件:"我们正穿越蒙古边境!"我满怀激情,将这句话告诉每一个人。我们来到最后一个小绿谷中,四周环绕着柔和的山峦,这是我们走过的连绵山脉的边缘。它们耸立在东方,依旧很高。走到峡谷出口,平坦而单调的草原消失在远方。

我们停下做最后的准备。早晨的旅程令人愉快,我们必须等到张家口的城门打开才能离开,这无疑是战争和突袭年代形成的习俗——中国城市每晚关闭城门并有士兵守卫。通过一条荒芜小路我们来到了关闭的城门口,正巧碰见一名哨兵在岗位睡觉。他醒了后,打开了城门,在黎明的第一缕曙光中,我们驶入西山狭窄的河谷。为了躲避巨石,我们在河道中的鹅卵石上曲折前行。

河谷两侧是陡峭的山峰,山顶已经洒满晨

曦，而河谷中仍是一片黑暗。日光尽力爬升，黑夜望风而逃。然而与逃跑相比，黑夜似乎更希望隐藏起来，它不想败退：它步履迟缓，藏身在蜿蜒河谷的暗影里。我们以每小时20英里的速度前行。

在急速飞驰中，连接汽缸的排气管排放出尾气，夹带着震耳欲聋的响声，接连不断，我们感觉好像是带上了一挺正在射击的老式机枪。回声响彻山谷，我们只能大叫着说话才能听得见。彼得罗显得局促不安，我们带着他，让他坐在行李上。他抓着绳子以抵抗车子的摇摆与颠簸。他一直沉默着，可能心里更希望那时他是坐在中国最野的一匹马上。

"你还好吧，彼得罗？"博盖塞亲王问道。他开着车，时不时关切地问。

彼得罗支吾着说："还——还——还好！"

路旁一个高地上耸起一块巨大的石块，奇形怪状，像中世纪城堡的遗址，尖峰好似古塔的残迹。这城堡也有拱门，从山谷下可以通过大自然这一奇特建筑的开口仰望天空，它好似一座大桥的拱门，穿越峡谷的蒙古人几乎怀着宗教的虔诚来看它。这块岩石有个传奇故事，一天，征服者成吉思汗——现在已是蒙古历史上的神了，曾率军行进在我们现在行驶的道路上，在这偶然建成的奇怪城堡脚下驻足，发现它好像有些敌意与挑衅，就从箭鞘中拔出箭，引弓射向该石。箭破石而入，帝王箭术的影响就是留下了那个洞，这桥式的洞口只不过是成吉思汗给山石造成的伤口。这个伤口的确很大，以至于一个骑着马的人，甚至是一辆汽车也能通过。但谁能说出成吉思汗的箭有多大，他的臂膀多么有力呢？

越往峡谷尽头就变得越窄，河流在谷底隆隆作响。我们开始最后一次攀登，另一些车在后头缓缓的跟着我们。我们在峭壁下等一个苦力，他在前天晚上就离开了张家口，但现在仍未到达。当我们观望着半路前方一个古老寺院时，一个奇特的身影出现在前方石路上。他是个很高很瘦的中国人，好像一尊巨大干瘪的木乃伊，他小心翼翼地捧着一大盘鸡蛋，提着一个水壶和一些杯子。当他看到我们正望着他时，一边深深地鞠躬一边向我们走近。他那黄色又瘦骨嶙峋的脸上露出了笑容，好似一具骷髅的笑容。他放下盘子，将茶倒入茶杯递给我们喝，然后又给了我们鸡蛋欢迎我们的到来。因为大总办，我们才有幸与他相识。他已下了通知，所有我们要通过地区的衙门都将会对我们表示敬意。但在这半荒芜之地只有一个地方衙门，这个友好微笑着的老者正是居住在山区的稀少人口的首领，因此天刚破晓他就来到这个小寺，煮好水和鸡蛋等着我们了，当他老远看到我们时就晃着他那瘦长的腿迎接我们来了。我们友好地和他打着招呼，这个"地方首领"急忙拿出一个小本子，比画着让我们在上面写。

"什么！"我们惊叫道，"他是一个签名收集者吗？"

彼得罗说道："他需要签名来向大总办证明他已按照吩咐办了。"

"哦，原来是证明啊！"

然后博盖塞亲王和我为这个削瘦的男人说了尽可能多的致谢话，同时他也坐了下来，靠吃鸡蛋喝茶来恢复体力。

苦力们拉着五头骡子到达了。几分钟后，西山河峡谷在深渊处从我们的视线中消失了。

我们向巍峨长城的最后一道烽火台攀援而上。

万里长城的烽火台间

伟大的万里长城，只剩下烽火台孤零零地耸立着。烽火台之间散落着许多石头，这是破败的城墙遗迹。城墙的骨架是泥制的，而烽火台是石制的。所以，这些烽火台历经了2100年的沧桑，至今仍然屹立不倒。它们建于公元前300年，城镇消失，国家分散，文明破碎，权力陷落，而它们依然挺立。或许是因为它们没什么用处：世界上，所有没用的东西都神奇地留存了下来，因为没有人动它们。

烽火台分散在光秃秃的山脊之上，远远望去巨大无比，它们彼此间隔着呼叫范围内的同样距离。它们故意设计成这样，是为了让哨兵的声音可以一连串地传下去，在夜间从一个烽火台传到另一个烽火台。

汽车由苦力们拖着沿小路绕行，但博盖塞亲王和我径直向上爬到第一个烽火台才停下来。我们欣赏着眼前这明媚早晨的壮丽景观，我们可以看见像大海一样一望无际的蒙古高原，在西面突然终止了，黄河像一道巨大的蓝色瀑布奔涌而下。山下最靠近我们的是一处奇特的景观，宛如梦境。很大一片红色的山丘，四周被上千条裂缝切割而形成沟壑。贫瘠、多变又相似，像海浪般波澜起伏，因距离而逐渐变得暗淡，呈现出如肉体似神奇的阴影。它又似一个红色的洼地，静止的风暴。东面是巨大的大兴安岭，有一连串高耸的山峰，在阳光下渐渐变得模糊、最终消失。我们知道，在这片山峦之外，绵延着宽广的满洲里平原。之后不久，我们就下山了。我们正在进入蒙古，时间正是早上8点。在我们脚下的山谷中，可以看见破旧村庄的屋顶，在大山的怀抱中拥挤地排立着，遮蔽在此以躲避沙漠风暴。

向北稍向下一些，你很快发现自己已在大草原上。岩石区到烽火台边便结束了，你来到了另一片土地。如果这些山峰上已不再有中国边境线的话，大自然却仍然警惕地保存着她的边界线。我们走过一个车队休息站：大约有50辆来自赛乌素的装满毛皮的牛车沿简陋的小屋排成一列。这些牛卸下轭之后，自由自在地四下张望着：这些小黑牛长着长长的角，是足以承受漫长而又繁重的艰辛路程的特殊品种。从小棚屋里走出一个汉人，他是另一位听从大总办的命令的地方官员，等候在此为我们效劳，但这次却没有鸡蛋和茶水。博盖塞亲王只提了个小小的要求——他能否给我们指一条骆驼行走之路，因为我们仍旧在去赛乌素的路上。这个汉人告诉我们继续往前走到第一个邮局，就能很容易认出路，"因为那有一面旗帜和一些士兵，而且几英里之内没有其他建筑。"因此我们绝不会弄错。从邮局往前，我们可以很容易地沿着电报线路走：电报，我们正式的向导，现在开始发挥它的功效。

我们在"绿海"上起航

一小时后，我们在靠近邮局的草原上停了下来，这儿距离张家口大约30英里。大概11点的时候，其他汽车在那儿加入了我们的行列，现在我们开始进行最后的紧张准备。对我们的

伊塔拉车在蒙古的边界上停下来,稍事休息

伊塔拉车在蒙古境内第一次在一个村庄旁停下来,等候其他的车赶上来

在蒙古大草原上

在蒙古大草原的边缘上，人们在做出发前的最后准备

意大利人与一路护送他们到草原的北京苦力们亲切道别

行李重新排列既费时又困难，我们时常将它们堆积起来，又不得不将其拽下，通常里面放满了太多的物品，或落下一些东西。草地上零星散布着毛皮、饼干盒、袋子和绳子。一些不必要的东西则都给了苦力们：露营床、床垫、空罐头。汽车由于负重过度，又一次被减负。一个很大的方形车篷遮盖在伊塔拉牌汽车上，四角用四根铁棒支起。夜晚，这车篷就从车上拿下，以另一种方式展开，作为我们的帐篷。

我们周围又聚集起了一群人。有荷枪的中国士兵，他们来自南部一座有雉堞和窥孔的土堡垒；有赶车的人，他们暂时丢下车队，来看看草原上的这些奇怪东西是什么；还有附近帐篷里的蒙古人，他们带着圆脸的妻子围拢过来，野性的发型上有一些首饰。所有人都围着我们，谨慎而又好奇地打量着汽车，张大嘴关注着我们的行动，似乎觉得我们这些无法理解的外国人的每一个动作，都有巨大而神秘的意义，他们就像在看巫师念咒语一样。为了让人们保持安全距离，埃托尔用铁棍一端绕着伊塔拉画了一个大圈，没有人敢跨越这个可怕的标志。

我们没法把行李绑在预想的地方，除了那些箱子之外，我们还额外带了机油、汽油、一些轮胎、可供十天的食物，丢掉任何一种都很冒险，行李需要分散在后座。我们决定，三个人都坐在前排，两个人坐在座位上，第三个人坐在他们的脚边、车的左侧，腿放在踏板上。第三个人的位置不太舒服，但我们会轮流来，埃托尔是第一个牺牲品。我们简单地吃了些腌牛肉作为午饭，下午两点出发。亲王掌管方向盘，其他汽车也马上跟了上来。

彼得罗已经走了，这样他才能在城门关闭之前到达张家口。他与我们道别，以他优雅的语调滔滔不绝地感谢我们，尽管事实上，我们帮他的最大的忙，就是带他到了离北京大约200英里远的地方！然后，他就带着苦力，消失在了长城的方向。

我们沿河谷向下，来到了平原。山离我们越来越远，变成了不断后退的海岸。我们出发了。

走了几码之后，我们痛苦地发现：我们携带的东西太重了，压在后面的弹簧上，车身轻微跳起，底座就会重重地落在差速器外壳上。我们不得不慢慢行驶，但地面不平，时常会有这种撞击。

"弹簧或者差速器会坏掉！"埃托尔喊道，似乎撞击落在了他自己的心上。

"目前不会有危险，"亲王回答，依然很冷静，"但车承受不了多久。我们必须减轻重量。"

"现在？"

"不，在第一站。我们不能走太远。"

"我们要拿掉什么？"

"一切可以省掉的东西。再看吧。"

这时，路面情况好了一些。我们甚至能快速行驶几百码。不时路过一些中国的小村庄，它们被种着大麦和高粱的田地环绕着，像一个个绿洲散落在荒凉的平原上。这是汉人的移民活动，他们正慢慢占领突厥斯坦和蒙古。一小支驻军，几名官员，就可以统治一个好战但散乱的民族居住的大片土地。汉族移民涌入这些地方，务农的天性将他们固定在土地上，他们代表着农业逐渐占领游牧部落的土地。这种力量比军队的力量更为强大，因为游牧民族不热爱土地，因而也不会保护土地，他们向自由的地方撤离，放弃了土地，却没有意识到这一点。现在，汉人正向西方扩展，完成他们几百年来没有完成的事。在亚洲心脏，这种情况正悄无声息地上演。汉人沿海岸线的扩张被整个文明世界所阻碍,所以他们在陆地上找到了出口。十年间,他们占领了五六十英里的土地,这种移民力量十分强大。他们改变了原住民——将他们都变成了汉人。在蒙古西部,人们不说蒙古语,只说汉语。

当天晚上,我们在一个村庄附近露营。看到我们到来,女人们艰难地挪着小脚逃走了,藏在住房另一面的林子里。她们怕我们,相反,男人们则跑出来看。我们把车篷变成帐篷——帐篷中间由汽车撑起,不仅能遮住车,还能遮住我们。不远处,布顿、世爵和肯特围成一圈,中间设帐篷,变成了军队的布局。

博盖塞亲王为了减轻伊塔拉的重量,决定放弃挡泥板、支撑车篷的杆子、一些我们用作操纵杆的铁棍、铁镐和一半食物。这些东西都给了帮我们干活的中国人,其中一个人给我们送来一桶水,得到了挡泥板,另一个人送我们一些鸡蛋,得到了铁镐。这些好人以为我们疯了,但他们喜气洋洋地拖着铁棍,或用衣服包着罐头回家了,我们点燃了篝火。

说实话,篝火听上去比事实上更好一些。蒙古完全没有植物燃油,当地人只能烧预备好的骆驼干粪。其他人备有漂亮的汽油炉,但我们没有预想到这种困难,没带这种东西,只能依靠焊灯,这就是我们的"篝火",就着灯光我们忙碌着。杜泰利斯做了一种美味的汤,就着蛋糕,味道像巧克力一样,而且营养丰富,我试图用焊灯将一壶水烧开。我的厨艺已经让步给了新闻工作,但——抱歉将这归因于新闻——成果很糟糕:晚饭有汽油、石油和润滑油的味道!

蒙古人的热情好客

三个健壮的蒙古人突然出现在眼前。两个小时之前,我们遇到过他们。其中一个年轻人长得像运动员,身穿紫绸衣服,戴着一顶

我们为汽车和人所搭的帐篷

黄色尖顶绣花绸帽，看上去像个官员。他们下了马，把马拴好，在离我们不远处铺了几块毯子，用上面提到过的燃料生了火（蒙古人外出的时候通常会带一小包），蹲坐在火堆旁。穿绸衣的年轻人走过来，优雅地鞠了个躬，微笑着，像汉人一样对看到的一切东西都感到好奇。他积极地与我们交流，双方都尽力想弄明白对方在说什么。幸运的是，博盖塞亲王有一份珍贵的手稿，上面有几百个蒙古语词汇及其翻译。于是我们知道了，这个人的确是个官员，我们就要经过他的村子了，他想邀请我们去他家里做客。按照礼节，我们送给他几罐腌牛肉，他非常开心地表示感谢。

突然，传来了一阵马蹄声，正向我们飞驰而来。当时天色阴暗，他在几英尺外停下来的时候，我们才看出来者是位中国士兵。他问：

"波——鲁——盖——塞？"

亲王（翻译的习惯多么重要！）从这古怪的发音中听出了自己的名字，走到士兵面前。那个士兵跳下马，递给他几张纸。那是封邮件——来自北京的最后一封邮件——当天上午9点到了张家口。他在11个小时里走了60多英里路。都统命令他赶上我们，所以他赶上了我们。任务完成后，我们还没来得及留他，他就跳上马飞奔而去了。中国有多么优秀的士兵，如果他们有足够勇气的话！

在这大草原孤寂的夜晚，一封不期而至的邮件让我们兴奋起来。在沙漠边缘收到的邮件满是问候和美好的祝愿，在这里则显得更为珍贵，意义更加重大。借着傍晚的微光，我们读完了邮件，在一起聊天，坐在行李上抽烟。四周越来越暗，我们的脸的轮廓也慢慢消失在影子里。黑夜将每个人隔绝，让我们安静下来。

黑暗中什么都看不分明，只能看到烟头的红光和地上白色的纸片。我们彻底安静了，深蓝的天空繁星点点。

蒙古邻居在熄灭了的火堆旁睡着了。另一个蒙古人骑着骆驼加入了他们，驼峰向西，就像一座山峰，让我想起了装饰明陵的巨大的石骆驼。马在远处吃草，汉人不见了。

"我们睡觉吧，"博盖塞亲王说，"明天3点得起床。"

我们在帐篷底下铺好睡觉的地方，开始把散落一地的东西归拢到一起。我马上注意到，有些小东西不见了：一把刀，一个银杯，一个猎用表的表盒。可是刚刚还在的！我用过这些东西。难道附近有小偷吗？真令人不安。这时亲王问我：

"你拿了弹夹吗？"

"什么弹夹？"

"左轮手枪的弹夹，刚刚就在那边。"

"没有。"

"那就是被偷了。现在我们唯一能用的武器就是一把毛瑟枪。除非也被偷了……"

"是那把枪的弹夹吗？"我担心地问。

"正是。不，弹夹在这儿，在行李里面。无论如何我们要给毛瑟枪装上子弹。"

"我们保持警惕吧。偷弹夹太严重了。"

"埃托尔，把枪放在手边。"

我去把这件事告诉了法国朋友，他们也把武器放在手边躺下了。

但那天晚上可以称得上此生最为平静的晚上了。小偷或许只是附近的村民，他们满足于已得的弹夹、杯子、刀子和一些别的小东西，谨慎地呆在远处，而我们则学会了对赞赏我们的人保持警惕。

骆驼与汽车：蒙古人对伊塔拉车显示出了极大的好奇心

旁观者：一组蒙古妇女

刺骨的寒冷让我们在皮毛被褥里呆了一宿,凌晨时又把我们冻醒。从帐篷的缝隙中,依然能看到苍穹。

起床之后,我们发现蒙古人已经抢先一步出发了。

我们当中第一个出发的是三轮肯特,前一天晚上,它是最后一个到达的。由于路况复杂,它停了好几次。有时,那两个心甘情愿而又无所畏惧的司机需要推着车前进,有时引擎为了跨越路上的障碍而变得过热。所以,三轮肯特第一个出发了,以免完不成我们一致决定的,当天要走完的130英里路。这是大家一致同意的。

肯特牌三轮汽车开走后一个小时,布顿牌汽车和世爵牌汽车也相继离开。我们只能留下来照看不知如何处置是好的行李箱。直到行程的最后一段,行李箱一直是一件棘手之物,它像梦魇一样使我们饱受折磨。在往汽车上装载的时候,我们预见到了一切,考虑到了一切,并为之做了周密的准备——只有行李箱除外。我们不知道如何摆脱它,也没有能保证它安全的万全之策,我们不得不用索绳把它固定在车的各个部件上。然而绳子在夜晚的湿气中缩紧,又会在日光下伸长,因此变得越来越松弛,于是箱子开始移动、摇摆,并最终摔落下来,我们又得花几个小时才能重新把它绑上去。

5点钟我们启程的时候,太阳还在地平线挣扎。在湿漉漉的草地上,我们追随着前面车辆留下来的痕迹。路过了几个中国人的群居地后,我们找到了一条土路,又过了一个小时,追上了停下来的肯特司机庞斯,他的同伴似乎在修理发动机上的什么东西。开车的博盖塞亲王缓缓把车停下,看看有没有能帮忙的地方。简单的问候之后,庞斯说不用,并让我们先走。或许他们的引擎过热,要等到冷却一点吧。半小时后我们逐一赶上了领先的车辆,打了招呼,我们继续前行。下一个聚集点是位于庞江的电报站。

我们为减轻车子负担而作的努力获得了预期的效果:弹簧恢复了弹性,底座和齿轮间的距离也保持在了合适的尺度,我们的车子以20英里的时速继续行进。

忽然间我们发现电报站逐渐从我们左面的地平线消失,然后才意识到我们选择了一条经克鲁伦河到库伦的路。我们只能无奈地返回。

没有田地,也没有土屋,呈现在我们面前的是一片湛青的荒野草原。暗蓝灰色的板岩群时不时的显现,打破了轻微起伏的地平线的单调。旅途是如此的孤寂,偶尔出现在视野中的一个人也足以使我们竞相呼喊。

"有一个人在骑马……在那里!"

"他看到我们了。他骑得真快。"

我们遇到过小而灵巧的野兔群,也遇到过强壮而有韧性的蒙古马群——这一点可以从它们是唯一的交通工具就可以看出。

汽车的引擎声在大草原上回荡,打破了一贯的静寂。这从未听过的声音显然吸引了马群的好奇心,它们抬起头向我们走来,素来胆小的它们似乎并没有对这飞奔的怪兽产生惧意。或许它们没有感到亲切感,一起向我们猛冲过来,仿佛要在一次冲锋中歼灭我们。它们野牛般的狂奔,如潘帕斯草原的亡命之徒般疯狂,又如飓风一般好像要摧毁一切。但在距离我们只有十码的时候,它们以幻想曲中阿拉伯马所具有的机灵与敏捷猛地停了下来。接着它们在车边跟车里的我们一起飞奔，直到被我们超越。然后它们突然改变方向，分散开来，回到原来吃草的地方。这是壮观的一幕，尤其当它们像护卫一般地在我们的两旁一起驰骋的时候，这些自由而又野性的骏马的美丽、轻盈和精悍尽收于我们眼底。

每当我们遇到马群时，这一幕总是几乎原封不动地上演。这些马一定有过共同的想法，这些想法会是什么呢？是什么闪过它们的大脑？它们是如此的井然有序，仿佛有一名看不见的骑士在掌控一般，使人禁不住会怀疑，它们是否继承了鞑靼军队里祖先们好战的习性。

牧人们零散地站在自己马群附近，这些毛长而柔顺的马每个冬天都会在北京的大市场卖掉很多。有几个人意图接近我们，使劲催着马匹，却怎么也追不上，心里很是惊讶。然后他们停下来远远地看着，直到我们消失在他们的视野之外。

有时我们以每小时30到35英里的速度行进，从未有人以这样快的速度穿过蒙古。或许我们已经超越了成吉思汗的骏马，它们曾在这片广袤的国土上纵横驰骋，广布大汗的命令和胜利的消息。

驶往沙漠

我惊奇于我们的速度，不是因为快带来的身体感受，也不是在飞翔一般的极度愉悦——即使这是汽车所带来的激情的极致，而仅仅是我们存在那里的一种深深的、充足的、难以名状的精神满足。一阵阵的惊喜时不时向我们袭来，我们的思想像在梦里一般朦胧，我们的感知也不再清楚无误，我们时而失去了自我，又猛然间回归现实，打破长久的寂静，互相喊着——

"我们到蒙古了！"

"是啊！"

博盖塞亲王忽然转向我说：

"我简直不敢相信我们就要穿戈壁沙漠了，真是难以置信！"

那时我也在想同样的问题。我们的内心充满各种情绪：自信、坚定、果决还有茫然，这种感觉就像一个全副武装的士兵在雾里遭遇了敌人。想到大地的本性、可靠的天气、我们自身以及各种器具的力量的时候，我们充满自信。思及我们走过的地方仅在地球的表面，我们凭名字来称呼这陌生的土地，我们又不确信起来。这块满是学术名称的土地似乎不再是一个麻烦，它由无数的元素组成，我们在追寻亚洲神秘而令人惊惧的魔力。在我们的心目中，沙漠已经化身为人，那个人类的可怕的敌人、沙漠旅人的破坏者、恐怖的死神，就要保卫自己，它无所畏惧而又力大无穷。"沙漠"这个词语使我们心里陡然升起一股敬畏之情。

我们时常看到一个个矮而圆的蜂巢般蒙古包，这种由毡皮覆盖做成的穹顶屋子就是在咸海边和额尔齐斯河、图勒河畔的亚洲游牧民族的居所，如吉尔吉斯人、土库曼人。它本身就足以证明中东所有种族有着共同的起源，他们都是伟大的蒙古人的后裔。在奉天的俄罗斯占领区，我见过同样的蒙古包。

汽车的轰鸣声传到蒙古包里，人们冲出来，面带惊讶地观看。有时他们跳到在旁边吃草的马背上，固执地跟着我们，大喊着，挥着

正在穿越戈壁滩的蒙古显贵

戈壁滩上的一个大篷车商队

汽车的到来引起了大篷车商队中牲畜的恐慌

长长的曲柄杖,就像挥着长矛。

我们到一小片蒙古包附近时,大约是早上8点。一些人站在支架上,发出了警报。于是,一大群人冲上道路,向我们打手势。走近一些,我们认出了前一天遇到的蒙古官员,穿着高雅的紫袍,向我们打停车手势。这是他的村子,他想热情地招待我们。他如此热情诚恳,我们不能让他失望,如我们所愿地继续前行。伊塔拉划过一道漂亮的曲线,在蒙古村落中停下了。

没过多久,我们就在长官华丽的蒙古包里坐成了一圈。

中间是一个火堆,刺鼻的烟夹杂着一点麝香的味道,从圆顶中间的开口处散去。长官的父亲是个和善的老人,庄严而隆重地招待我们。他的母亲恭敬地在我们面前放上一碟碟奶酪、一碗碗酸奶和奶油、一杯杯热气腾腾的茶,还有发酵牛奶制成的清甜的饮品。装这种饮品的玻璃杯是欧式的,他小心翼翼地从一个中式橱柜里取出,橱柜的钥匙由他父亲掌管:那是这家人装宝贝的橱柜。里面有前一天我们送的腌牛肉罐头。我们认真地喝牛奶时,几个字跳到我们耳朵里,让我们非常惊讶。

"会讲德语吗?"

一个年轻的蒙古人刚走过来,问了这个简单而又令人大吃一惊的问题,他的德语非常标准。

"会,"亲王惊讶地回答,"我会讲德语。"

于是这个年轻的蒙古人开始用歌德的语言与我们交谈,他问我们的汽车能达到怎样的速度,答案令他满意。

"可是你在哪学的德语?"博盖塞亲王问。

"在柏林。离这里很远的柏林!"

"在柏林?"

一个站在蒙古包前的牧人

"是的,我在那呆了两年。"

"哦!你在那做什么?"

"我做蒙古人。"他一本正经地回答。

我们以为他在开玩笑,或者他没明白我们的问题。

"你在柏林做什么?"

"我是蒙古人!我是蒙古人!"他特意重复了一遍,接着说:"你看,我身处展览会上,那里有各个民族的人,有一片蒙古包,有马、狗和女人,每天都有一大群人来看我们,跟我们说话,所以我学了德语。"

"你喜欢欧洲吗?"

"是啊。你呢,你喜欢蒙古吗?"

"非常喜欢。"

看上去他对我们和我们的答案很满意,这个答案向他表明我们很有见识。

我们出来之后,发现有一些人骑马围着车慢跑,埃托尔坐在车上,从容地喝牛奶。村子里所有的男人都骑着马,护送我们。

我们全速前进,这支非凡的马队围着我们,伴着马蹄踏在坚硬地面上的声音和人们长长的、野性的呼喊声。周围全是色彩斑斓的衣服和长带子,从蒙古人的尖帽上飘下来,随风飘扬,背后是马鬃和长辫。但他们误解了陪伴我们的机会,他们徒劳地喊叫着用鞭子驱赶马匹,这些可怜的动物徒劳地向前猛冲。不一会儿,我们的车就超越了护卫队,声音渐渐消失在远方,我们又独自在草原上前行。

他们很多人都信仰藏传佛教,这可以从他们剃光了的头上判断出来,没有其他标志。蒙古有很多人信仰藏传佛教,占据了男性人口的绝大多数。如果一个家庭的父亲有五个儿子,其中三个都是喇嘛。有牧羊的喇嘛,赶车的喇嘛,做马匹生意的喇嘛:他们按照民族中的行业分工,自己就能组成一个民族。整个蒙古就是一座大寺庙,藏传佛教已经扑灭了这个民族古老的勇气：一个战斗的民族变成了一个哲思的民族。

我们继续前进了几个小时，四周景色不时发生变化，延展的草原被一大片土地所截断，除了一些又矮又茂密的草之外，什么都没有。土壤的性质已经改变了。我们从砾石覆盖的土地来到沙地，然后又进入不规则的、岩石遍布的短径。接下来又是草原，但不见了畜群，不见了冒着烟的蒙古包。太阳灼热。我们遇到了一队骆驼，拉着小小的两轮车。另一个驼队在井边露营。地平线上，偶尔会出现几个骑手的身影。

过了一会儿，我们找不到任何生命的痕迹了。除了井边，从远处我们可以分辨出骆驼群和蓝色的帐篷，通常聚集在水井周围。

看一幅好的蒙古地图，你就会在驼路沿线发现一些名字和小点，你以为这是村庄和城镇，但这只是水井。每口井都有名字，它只是地面上的一个小孔，水在深处涌动，然而它却像城市一样重要，它意味着生命，它就是旅人的生命。它是贸易的生命，一千公里外的城市因贸易而发达，而贸易和城市哺育了远方的人口。张家口的繁盛，恰克图的繁盛，都源自蒙古草原上孤单的水井。

这些井标记出商队的暂停地点，井与井之间相隔20到50英里，冬天可以在晚上围绕水井露营，夏天可以在白天。将骆驼的挽具和货物排成一列，首尾两端都插上长矛，与其说表示威胁，不如说是遵循传统，然后人们就可以露营，动物可以吃草，如果附近有草的话。

我们也在井边停下，为汽车取水，解渴，洗手洗脸。然后我们跟商队的人待了几分钟，他们尊敬而又惊讶地看着我们，这些好人没有表现出一点敌意。他们喊住壮硕、凶狠、长毛

追逐汽车的蒙古骑手

我们的仪仗队

牧民惊异地看着汽车

的看门狗，有时也会用皮和木棍制成的特殊工具帮我们打水，但他们通常避免碰到我们。

中午的时候我们觉得已经到了沙漠腹地，车在一片不毛之地上飞驰。土壤略带红色，有些起伏，有时和缓有时骤然凸起，这使亲王必须全神贯注于路况，这样车才不会重重地落在地上：弹簧可能已经坏了。速度一降下来，我们就觉得很热。我们很累，阳光使我们目眩，我们开始后悔丢掉了车篷。

在一道陡峭的短坡中间，汽车突然停下了，发动机油箱中的汽油没了。油箱可以装83升汽油，足够跑130英里。我们还没到庞江电报站，我们以为电报站距上一个停车点有110英里多一点儿。难道我们已经走过了吗？我们没有严格按照线路走，有时没那么注意，庞江或许离主电线杆有一段距离，由支线连接……

我们问了自己所有的问题，一点儿也高兴不起来，埃托尔利用虹吸管，将汽油从备用箱里移到发动机油箱。天气十分炎热，透明的汽油蒸汽呈螺旋形冒出来，透过蒸汽看去，一切都颤颤悠悠的。

庞江

我们忙着处理这次停车的时候，发现了另一个严重的问题，一些行李不见了，可能捆着的绳子松了。不见了的正好是亲王的全部个人行李，一定是丢了，鬼知道丢在哪了！

我们该怎么办？回去找行李还是去找庞江？

我们决定继续前行。

我们宽慰自己，可供两个人的行李应该也够三个人用；如果错过了庞江，我们可以不在那暂停，直接冲进沙漠，我们备有充足的水、可供5天的食品和够走500英里的汽油。

我们再次上路了。

地面平坦了些。大约每过10英里，就会有一条好路，我们可以全速前进。不时出现一片稀疏的、灰色的草，以此为标记，我们可以追随骆驼奇特的之字形路线。因为商队不常沿一条路走。他们只是沿同一方向，形成了数百条平行的路线，好像某种古老的巨大的犁在草原上留下的沟。

远远地能看到一个小点，可能是一间小屋。我们越走越近，小点变成了矩形，越来越大，变成了一堵泥色的矮墙。

我们以每小时20英里的速度前进，没过多久，就看到矮墙后面有一个泥屋顶。一排电线杆通向那破陋的房屋，房屋比电线杆矮多了。

"庞江，庞江！"我们都欢呼起来。想当年哥伦布抵达美洲时，船员们也一定同样兴奋地高呼："陆地！陆地！"

当然，我们将路程估错了大约20英里。因为我们的地图上没有庞江，只能猜测大致地点。

"庞江！就是那个吧？"埃托尔问道，一脸不屑的表情。"我还以为庞江是个村庄呢！"

"当然不是村庄了，只是一口井，就一口井和一个电报站，没别的了。"

但就这一口井和一个电报站也足以让我们满足。

此时即使看见一座全世界最壮观的宫殿出现在我们面前，也不如看见庞江兴奋。

七、在戈壁大沙漠里

沙漠中的电报

有人在庞江等我们,负责这个电报站的是一个小个子汉人,他走出来,热情欢迎我们的到来,脸上满是掩饰不住的兴奋。

很遗憾,我忘记了这个英雄的名字。为了东西方交通,他常年居住在大沙漠里。这里距最近的城市张家口,将近200公里,距库伦有500多公里。不管发生什么情况,他都不能离开自己的工作岗位。周围广阔无垠的大沙漠像一座监狱,把他困在了这里。他从一口水井到另一口水井得走整整一个星期,才能到达有人烟的地方。没有人帮助他,即使古代的军事要塞里的俘虏也没有像他这样完全地与世隔绝。俘虏尚能感受到这个世界上生命的存在,他接收生命的回音并把自己的思想向外界传递……

庞江电报站里孤独的汉族电报员和他的小女儿

沙漠里最可怕的就是寂静。

实际上，给坚守在庞江的这个小个子中国人带来欢乐的有两样东西：一个小女孩和一台电报机，正是这些给了他坚守下去的力量。小女孩是他的女儿，电报机则是他的朋友。他常常连续工作几个小时，不停地敲击键盘，收发电报，倾听来自远方世界的声音——有的来自圣彼得堡，有的来自伦敦，有的来自东京。他的工作就是传递信息，信息一条条从他手里发出去——有命令，有神秘的外交符号，还有慷慨激昂的陈辞。当传递完欧亚大陆间的重要信息后，这些沙漠中的电报员会利用电报机相互交流一下，相互问个好，讲讲当天的小新闻、生活的艰难以及对未来的希望等。这种交流就是这些隐居者了解外部世界的窗口。

庞江电报站是典型的中国农民的房屋：三间低矮的、泥土建造的小房子，整面墙上都是用于采光的格子窗户，窗户贴着纸。四合院的东、西、北三面都是房间，南面是大门。屋顶是电报隔音装置——一种奇怪的装饰品，使人联想到骷髅下颚上的一排排白牙。北面的墙外，风沙堆成了一座小沙丘。沙尘能穿透一切障碍物，它透过格子窗户，进入每个房间。雾时间天昏地暗，房间外的能见度不超过两步。电报线时而吱吱尖叫，时而疯狂怒号。光线非常暗淡，房间内必须点灯。而就在我们到达的四天前，格子窗户外刮过一场沙尘暴。

与电报员同住的还有另外三个人，两个汉人和一个蒙古人，他们的任务是维修电报线路。他们要将被沙尘暴撕断的电报线重新接上，把倒在地上的电线杆重新竖立起来。为了节约体力，他们养了三头骆驼。我们一到庞江，就看见这几只骆驼在附近吃草，这种古老的动物看上去很古怪、安静，脸上满是皱纹但却很安闲自在。

主人把最好的房间让给我们住，炕上铺着火红色的毯子和柔软的垫子，桌子上放着一个上等的新加坡菠萝，是刚刚从箱子里取出来的，果皮很新鲜，透着缕缕清香，馋得我们口水都流出来了。我们先狼吞虎咽吃完那个菠萝，然后就全身舒展，惬意地倒在了炕（同时也是餐桌）上。我把这天的印象记在专门的英国皇家电报纸上。

电报员要将我的电报发出去了，我和他并排坐在发报机前，他看上去有点局促不安，查阅了中文的发报规章，看了看价目表，将电报字数查了一遍又一遍，然后工工整整地在表头上写上"1号"。

"这是今天的第一封电报吗？"我问他。

"不是的，先生。"他回答说，"这是从这间办公室里发出的第一封电报。"

"对不起，我没听清你说什么。"

"你的这封电报是从庞江发出的第一封。"

"你是说今年从这里发出的第一封？"

"不是的，先生。从6年前这个发报站建立以来的第一封。"

"6年来你一封电报都没发过？"

"一封都没有。"

"那么干吗要建这个发报站？"停了一会儿，我很好奇的问他。

"因为距离太远，需要设立中转站。"

张家口方向的回应打断了我们的谈话，我的电报已经开始传递了。

张家口马上就收到我的电报了，然后会将它传往北京，北京再传到上海，上海再传到香港，然后到新加坡、亚丁、马耳他、直布罗陀，最后到达伦敦，整个过程要八到十个小时。但由于庞江比中欧时间早8小时，所以，如果根据时钟计算的话，发报后两个小时就可以到达伦敦。现在是4点15分，下午6到7点我的电报将抵达每日电讯报和晚间邮报的编辑办公室，明天早上英国和意大利的读者就将知道我们的汽车今天在蒙古大沙漠里做了些什么。人类在时间和空间方面取得了很大的胜利，所以现在通过线路和电讯信号瞬间就能把信息传到遥远的远方，甚至那见多识广的记者们，也不得不对此感到惊叹和骄傲。

依然不见肯特

大约6小时后，其他的车也到了。我们老远就看见了那些车，它们看上去像是广袤无垠的大地上几颗微小的斑点，因为距离太远了，它们就像是地平线上的船只，一动不动。那辆世爵牌汽车最先抵达时，埃托里正在检查我们的汽车，而我正在费力地在锅里摆弄一只小羊羔，这只小羊羔太难煮了，简直比轮胎还硬。杜泰利斯跳下驾驶座，手里拿着一个灰色的包，大声问道——

"这是谁的？"

那是博盖塞亲王的行李包。我们不仅顺利抵达庞江，而且还找回了丢失的包，这似乎预示了我们的好运，因为有很多人，尽管小心翼翼，还是在沙漠里迷路了。

"你捡到这个包有一段时间了吧？"我问他。

"嗯，没错，有一段时间了，当时我们还在草地上。"

"包丢在路边吗？"

"不是。我们经过那里时，有蒙古人拼命向我们打手势，我们就停了下来。他们把一个包递给我们，向我们打手势说，这个包一定是我们丢下的。"

"蒙古人？就是那些诚实的野蛮人吗？他们自己的生活已经够悲惨的了，还把捡到的东西还给我们？"

"是啊，就是他们，而且一分钱的感谢费都不要！"

"但是，我的朋友啊，你知道早年草原上的强盗曾经侵略到哪里吗？他们只知道袭击我们。"

"对于欧洲人来说，这些都是过去的事情了。"

"但这对于我们的旅行来说太煞风景了！我们千里迢迢来到这个荒凉的大沙漠，就得到几杯牛奶，找回丢失的行李，太不值了！"

我们终于没能等到肯特三轮汽车的到来。同伴坚信庞斯一定是折回去了，我按照这个意思发了电报。我们一点都不担心庞斯及其同伴的命运，他们还在有人烟的地区，肯定可以很容易地寻求到帮助。

煮了几个小时后，那只小羊羔终于端上来了，然而，却根本嚼不动。发报员很失落，因为这只羊是他专门为我们弄来的。为了安慰他，我们还是拼命地嚼那像羊皮纸般坚韧的羊肉，好像对于我们欧洲人来说，那仍是难得的美味佳肴。吃过之后，我们就在炕上睡下了。

夜里，紫色的月光洒进房间，我睡意全无，索性用肘子支撑起身体，欠着身子坐了起来。我第一次发现什么才是绝对的安静，我们平常所说的安静只是没有某些声音，主要是没有人的声音。但如果我们用心听的话，就会发现：如果在乡村，我们还能听到哗哗的树叶、摇曳的玉米秆、潺潺的流水、吱吱叫的昆虫和远处的狗吠声；如果在海上，我们还能听到海浪轻轻地拍打着船舷，像是在轻轻鼓掌的声音，还有碎石机开凿岩石的声响。然而，在这里，我什么声音都没听到。这里没有任何动静，甚至没有生命存在的痕迹。这不是虚构的空洞而是超越尘世的寂静。我感到极度的苦恼；我似乎掉进了空间的黑洞里，感到无尽的孤独。

我躺下身来，突然听到一阵很响的、有节奏的、迅疾的、金属撞击橄榄球的声音，我立即惊坐起来，侧耳倾听，但声音戛然而止。

"呸！"我自言自语道，"一定是那只羊肉的作用——消化不了的羊肉！"

我再次躺了下来，先前沉重的金属声再次响起，在这寂静的荒漠里，显得格外清晰。

但是，这种金属声让我怎么也睡不着，我突然明白这声音来自哪里，不禁笑了。原来，为了明天早起，我把手表压在了枕头下面！

在一个干涸的海盆中

6月19日那天太阳下山的时候我们再次上路了。世爵汽车本来是先出发的，但我们赶上并超过了它，然后一路加速向北驶去。下一个目标是晚上到达最近的一个发报站乌德，乌德在另一座桥边。据我们的判断，距庞江大概170公里。

夕阳的余温逐渐退却，和汽车处在同一地平线上。车子长长的影子，如同展翅高飞的大鹏飞奔而过，跃过草丛，又在沙地上摇曳，令人遐想无限。

地面很平坦，汽车不时地加快油门，摇摇晃晃地飞驰在寂静的平原上。在离庞江几里地，我们又发现了一些绿地，微波起伏，连绵向前，我们又来到了广袤的大草原。

"那里跑的是什么啊？看，那里！"埃托尔突然指着我右侧大叫起来。

原来是只羚羊正奔向藏身之处呢，距离我们大概有300英尺。羚羊的速度和跳跃是独一无二的，比其他动物都快。

"我们要追上去吗？"我问道。

开着时速60里的汽车追赶羚羊的想法似乎很诱人，但是亲王说我们还有很多路要赶，这样会离目的地越来越远，而且我们没有带枪，最后不得不放弃这个诱人的想法。

不一会儿，我们碰到一群瞪羚，灰色的后背，白色的脚掌，动作如此优雅，像年幼的小马一样朝气蓬勃。他们站在不远处，灵活地甩着长脖子，四处张望，似乎在纳闷着：哪来的外星人，竟敢打破草原的寂静。我们的到来似乎让它们感到不安，于是它们又开始旅行了，长长的队伍慢慢消失在我们的视线里。

有时我们也碰到一些人，虽然不多。有一回碰到五六个蒙古人想要和我们的车子赛跑，他们骑着马，跟着车子一边飞奔，还一边做着疯狂的手势。

刹那间，荒芜的草原上一片白蒙蒙的东西映入眼帘。好像一座宫殿，四周都是白色的建筑。我们朝这片奇怪的聚居地驶去，好像进入了古代的世界。

精通古代亚洲建筑风格的大师们运用他

们的智慧重建了这些建筑，虽说称不上完美，但却给世人一个对著名古都风貌的宏观概念。想想巴比伦和尼尼微那些方正宏伟的建筑，四周的墙壁并没有借助类似金字塔倾斜的侧壁那样的构造，人们不禁要问，这样会不会给人造成一种视觉的误差，好像整个宏伟的建筑被缩小了。不用担心，巴比伦和尼尼微的建筑底部的门窗都比陵墓的门窗还要宽，尾部都是平顶构造，如同坟墓般朴素又宏伟。一些古埃及金字塔，倾斜的侧面，增加了建筑的稳定性，屹立了千百年。同时也给人一种壮观的视觉效果，似乎向上不断缩小的是源于巨大的高度。拉萨的照片给我们展示了古亚时代建筑的宏伟面貌，充满着圣经般的庄严和肃穆的故宫，将我们带到了古代文明的建筑。这些建筑形式不是源于宗教浓厚的印度，也不是象征着中国至高无上的统治权力，它们源于二三十年代遥远的古西亚。佛教的隐退，静止和寂静的内涵已经将西藏变成一个寺庙，作为一种传统而非艺术，世世代代传下来。

现在呈现在我们面前的就是这类风格的建筑。当然，它们没有拉萨照片里的建筑宏伟，因为沙漠缺乏建筑材料，谁知道这里什么时候有了石头，难道是通过骆驼车队运到这边？这些建筑的肃穆得益于它们的外形而不是大小。通过我们的脑海对这种构造轮廓的认识和联想，又给这些建筑增添了不少雄伟之感。

拉木寺是这里的主建筑，采用了白石灰。红色壁缘上装饰着兵马俑的图案，流露出高雅和式微的希腊风格。四周秋千状的窗户和门上都可以看到类似的装饰，每扇窗户上面都配有一个小房檐遮挡着，房檐下矗立着一根根长长的黄铜管，用来收集或排水。其他周围的建筑都是以拉木寺为中心，体积上小很多，但是形状都差不多，我们猜想这些小的建筑应该就是和尚住的地方吧。大家都下了车，四处观看，这里像是被遗弃了，连个人影都没有，甚至动物的声音都听不到。

正当我们准备上车，一位老人从旁边的一个小门走出来。他脚步很小，看到我们就停下来。他又高又瘦，穿着一件很古怪的衣服，胳膊都露在外面，满脸都是老妇人式的皱纹。我们毕恭毕敬地凑上去给他拍照，和他聊天。他从容不迫，不动不答，似乎陷入沉思，思考着我们是什么人，为什么出现在这里，专注的眼神困惑地盯着我们。我们不知道他多大年纪，他看起来很健壮，可是饱经沧桑的脸又显得很苍老。

我们回到车里，临走前回过头去看这位神奇的老人，他还是站在那一动不动地凝视着我们，一个人显得那么孤单和落寞。

车子开始走下坡路了。8点钟左右，我们开到了一片矿层。草坪不见了，无垠的贫瘠的土地上，稀疏地长着几块草地，又暗又厚的叶子似乎努力地想要长得更加茂盛。现在我们到了真正的沙漠。

"戈壁"在蒙古语是空穴的意思。这片沙漠位于蒙古中间地一大片低陷的地方，是个空穴，曾经是个海。现在我们站在先前海岸的位置，海岸线比较规则，海浪的冲击形成一个陡峭的凹陷。我们现在走到更低的平面：远久时代的海底、海湾、海岬和半岛的轮廓都依稀可见。贫瘠的平原延伸向远方，波涛般此起彼伏，似乎要超越地平线。就像人们视觉的误差一样，总觉得海平面高于海岸。

再往下走60到90英尺，就是一片坚硬、平坦的沙地,这里曾经是海上风暴肆虐的地方,我们尽情地在这最奇异、最寂寞的风景里赛跑。

前面的地面更加荒凉、破旧和凄凉。时而一马平川,时而高低起伏,崎岖不堪,时而可见日光下闪烁的晶莹的石子,时而又是满目被践踏的黏泥的颜色。除了一些小蜥蜴外,不见其他生物。但是蜥蜴的颜色和泥土一样,所以每当他们静止不动时,就像地面上的一个小土块,很难被察觉。突然间就活了,在车轮底下蹿来蹿去。

时间在一秒一秒无聊地过去,天气越来越热,空气好像静止不动了。我们贪婪地享受着汽车开动迎面吹来的风,我们从早上的凉爽一下子进到热带的气候,直接省略了过渡地带。

我们发现一个很奇怪的现象:太阳无情地喷着火舌,阴凉处却非常冷。还有更骇人听闻的事呢:有一个人在大冬天围着火堆取暖,直到他全身都热得刺痛,也就对外界的寒冷麻木了。天空万里无云,无比透明,置身其中,感觉天空广阔无垠,遥不可及。一切似乎都离我们很近,地平线好像近在咫尺。然而实际上,远远看见的山脊上的一个路标,也要开车好几个小时才到。

这种可怕的透明正是因为空气湿度太低。我们开始时时刻刻忍受这干燥的空气的煎熬,炙热的太阳似乎通过厚厚的凸镜片把所有的热量都晒到我们的手脚上,其实前一天我们就有这种燥热的感觉了,就是在开往庞江的路上我们第一次想到凸透镜这个比喻来形容我们的

在戈壁滩上的一口井边

感受。只是没想到真正的戈壁滩上，这个凸透镜的威力顿时增加了好几倍，现在我们才明白为什么戈壁车队从来不在白天行走。然而我们却不能停下脚步，唯一解脱的方法就是加快步伐。

我们一路上只发现一口井。大概10点钟，我们所到的地方更低了，这第二个海岸也许就是大海撤退过程中一个歇脚形成的。大海就是以这种撤退的方式，用了几千年从这世界上销声匿迹。地上一片盐白，有些地方让我想起耶利哥附近的死海，可这里没有约旦两岸的绿意。我们穿越一片枯死的土地，对于人类来说，这片土地过早地死去。谁知道我们现在生活的世界在几百万年后会不会也变成这样的沙漠？谁知道这是不是对未来世界的一种预示呢？枯竭？死亡？还是继续躺在亘古不变的蓝天下，时而享受月光的照耀？

沙漠的绝望地带有40里长，沙漠旅行队通常选择一次性通过。经过最后一口井的时候，他们就把桶和水囊都灌满，然后在繁星满天的夜晚出发。他们所走过的这条路白骨皑皑，到处都是骆驼、骡子、牛和马的尸体，沿途都是残杀的痕迹。要是在旅途中遇到季风，整个车队就完了。季风旋转的沙子把他们分隔开，使得他们晕头转向，被迫停下来。接下来就一个个在季风中丢了性命。又老又累，连脚掌都磨破的动物们就这么倒下了。这是个苦难的地方，空气中呼吸的是一种无法形容的死亡气息。我不知道这种气息从何而来，是从满目悲哀的景象？荒芜贫瘠的孤凉？色彩的严重缺失？还是充满痛苦，一片寂寥？这种死亡的气息从周围的一切散发出来，气息中夹杂的是一种莫名的危险，是一种持续的威胁，一种埋伏的危机，是无形的箭，你只能坐以待毙。脑袋里唯一残存的一个想法，或者说是欲望，一种无形的、茫然的、不知不觉却又挥之不去的想法就是赶紧逃离这个鬼地方，再也不踏上这片死亡之地，再也不想尝试"人为刀俎，我为鱼肉"的滋味。地平线就像个救赎和休息的圣地，可是却遥不可及，你疯狂地想要找到点激励灵魂的物质。无论多么渺小的山在你面前，你都幻想着山后藏着好东西等着你。但是当你越过这座山时，发现先前在你前面的地平线已经被你甩在身后了，可是这种孤独和与世隔绝的状态还是没完没了。你的思想变得迟钝了，灵魂被淹死在无法逾越的悲伤中。昔日的情景模糊不清，连上一站出发的时间都记不起来，智力变得阴暗，离你远去。你不断告诉自己，一定要到达目的地，一定会到的，这个念头给了你最后的力量：忍耐的力量。你不断鼓足所有忍耐的力量，前进！

在10点钟的时候我们到了戈壁滩最糟糕地方的腹地。在这个地区两头的两个旅队休息处有大量的敖包，敖包就是蒙古人的罕见的圣坛，应该说是人类历史上最早的圣坛，是由石头堆起来的。为了在穿越沙漠时祈求上天的保护，并在安全穿越沙漠后感谢上天，虔诚的旅者会拿一块石头，把它放在一个敖包上面，然后跪下来祈祷。

这些敖包有着巧妙的形状，顶上放置着牛或马的头骨，看上去像是为祭奠死神而造的圣坛。不止一次从远处看到这些堆积物在清澈天空下的形状，对我们悲伤的双眼来说，更像是远处的人，而上面发白的动物头骨就像是人的脸一样。由于数量很多，每一种又很像人的形状，所以会给我们带来很多乐趣——它打破

埃托尔从戈壁滩上的水井处取水之后,返回伊塔拉车

在井边饮水的羊群

了我们在旅途上所感到的单调和孤独。在沙漠里，对每个人来说其他人都特别亲近，也许并不完全因为人之间的手足之情，或者是可以团结地去面对常见的危险，更是因为他们体现了生命的迹象。

在每个敖包脚下是用藏文写满了祈祷的纸条，或者是同样写着有关神的话语的在岁月流逝中慢慢褪色的小旗帜。蒙古人有种诗意般的迷信，他们相信当风吹过这些纸条和旗帜的时候会把祈祷从里面带出来，一直带到佛祖那里。在路过那个地方的时候，空气中充满了祈祷，就像路过花丛的时候空气中充满了香味那样。我们在宗教典礼中使用薰香，应该也是类似的想法吧？

我们实际上非常感激那些敖包，因为要造敖包，所以路上的石头都被移走了。谁知道这个奇怪宗教的起源是不是为了把路修得更好而想出来的一个小小伎俩？所以这个帮助他人清理道路的善举最后变成了一种带着神秘色彩的宗教活动。

太阳的威力

突然我们发现汽车的散热器不能正常工作了。由于沙漠中实在太热，我们现在前进速度下风量不够冷却水箱，水箱太热不能工作了，水沸腾了，从散热器里喷出来。虽然我们有15公升的水，但除非实在紧要关头，我们决不会动用存储的水。水将会是我们的希望，于是我们开始寻找水源。

我们中的一些人会不时地大喊："一口井！我还看到了植物！一条很暗的路！"

"好，好！"其他人会很急切地回答。

这些都是幻觉，那些暗色的道路根本不存在。最后我们决定使用储存的水了。整个世界似乎在我们脚下燃烧，同时带来了难受的闷热和刺眼的强光。当我们看到水从容器中涌出，在阳光下闪着光芒，我们再也无法抵抗诱惑，贪婪地喝了起来。我们的嘴贴着水管，那根用来传输汽油的管子。水很烫，带着汽油的味道，若其他时候肯定是让人觉得很恶心。在我们三个人中，博盖塞亲王是最温和的，他只是湿润了嘴唇而已，马上请求我们不要浪费这珍贵的储存。

时间到了正午，正当大家沮丧之时，我们看到了一些草，然后是一些野鸟，还有洞穴中的一个水洼。我们喜出望外，停下来取水。这水是完全不能喝的，发黄，又咸。但我们可以把它用在汽车的水箱里，反正它没有味觉。水的出现标志着我们已经走出了凶险贫瘠的地方，不久我们就找到了一些商队围着的水井。

其中一口井边躺着两个睡着的汉人，他们或许是两个可怜人，步行返回家乡。他们甚至没有帐篷可以遮挡太阳，唯一的行李就是一些破烂衣服和一个包。他们半裸着躺在沙地上，遮住头，睡着了。沙地就像熔化了的金属，旁边是还在冒烟的火堆，火堆上一个茶壶还冒着热气——即便最穷的中国人，也总是带着茶壶，就像最穷的俄罗斯人也离不开俄式茶炊一样。我们无法理解，人怎么会有这样的耐力，可以忍受这可怕的炎热。听到汽车的声音，他们醒来，睡眼惺忪地起身看了看我们，就又躺下了。他们一定因苦难而心力交瘁了。与他们相比，我们旅途上的苦难算什么！我们又想起了亲王在南口附近遇到的朝圣者，他穿越沙漠时,每走三步就亲吻一下地面。我们觉得,这两个汉人看到他的时候,可能像我们现在看到他们一样满是同情……

沿途的井水清澈冰凉。解渴之后,我们装满了一个备用的桶,接下来的路上,不时会递给彼此一杯。炎热的天气至少有一点用处:汽油消耗缓慢。火花塞的电将燃气混合物点燃,为引擎提供动力。现在,在这种燃气混合物中,加入了最少量的汽油蒸汽,这一点可以从自动进气阀的运作中体现出来。自动进气阀需要彻底松开,显然有更多空气进入汽化器。博盖塞亲王说,推动我们前行的主要是空气,而不是燃气。

时间慢慢过去,天也越来越热。太阳从我们的右侧升起,现在开始从左侧、从南方打压我们。从北京出发的时候,我曾瞧不起博盖塞亲王和埃托尔给自己准备的软木头盔,而现在我不得不戴一顶巴拿马草帽,以遮挡戈壁灼人的酷热。由于车速很高,草帽帽檐不停地被掀起来,把我的脸完全暴露在太阳底下。几个小时之后,太阳就把我们的脸变成了怪诞的面具,而我,唉!是三个人中最怪诞的。我们被晒得通红,面颊发肿,而且开始爆裂。用手帕轻轻碰一下,都疼得要命。前几天解救了我们的凉水,现在烫得快要沸腾了。晒伤的皮肤上起了泡,那种感觉就像被慢慢烤熟。我们赤红的眼睛在燃烧,嘴唇肿胀、干裂。埃托尔的嘴受伤最为严重,嘴角都流血了。他的手也很恐怖,修整汽车使他的手变得粗糙,而太阳则将伤口晒出了鲜肉,肿胀的手指因疼痛而微微颤抖。埃托尔在如此艰辛的情况下,展现出了非凡的勇气及自制力,需要的时候,他可以忘掉所有疼痛,令人佩服。无论何时,无论出于什么原因,一旦需要,他就带着受伤的手去干最艰难的活。有时血迹会留在工具和引擎上。小心翼翼地干完活之后,他会看看伤口,带着成熟男孩的微笑自言自语道:"恐怕我们干得不太好。"

如果头顶上还有车篷的话,我们或许就可以嘲笑太阳了。然而,我们现在只能互相安慰:"这些,也都会结束的。"

我们像在梦境中追随没有尽头的电线杆行列,它们独具吸引力。在广袤的天地中,它们的排列变化多端,非常有趣。有时像一条笔直的黑色细线,从视野的一端一直延伸到另一端。有时像在追随什么,像熟练的士兵一样整齐地转弯。当电线杆爬坡的时候,就更像士兵了,似乎它们在发起一场攻击。在行列交汇的地方,电线杆一个挨着一个,摆出奇怪而又模糊的造型,时而像哥特式的尖顶,时而像远处崎岖的山峦。我们时刻观察着,像孩子一样快乐地发挥想象,我们的想法非常幼稚。有时我会下意识地数这些电线杆,随机地开始,直到数乱了为止。对不开车的人而言,这样的旅程最无聊的就是无所作为。起初你会观察,然后开始思索,后来想象随意驰骋,最终大脑累了,开始漫无目的地游移:无论看到什么都不会把思路带回来了,就这样停留在缄默、静止和漠然中。大脑昏昏欲睡,在甜美的睡眠中流连。

"蒙古包!"亲王喊道。

当时是下午两点。这句话震撼了我们,好像宣布的是某个伟大的奇迹。

"在哪儿?在哪儿?"

"前方左边,那些岩石后面。"

"我们要回到人间了!"

"一定是迁徙中的牧民。这里没有牧场——谁能在这儿住？"

我们长久地看着那个蒙古包，蒙古包外面拴着一匹马。不久，我们就看到一个蒙古人牵着一匹运货的骆驼，他停下来，胡乱地向我们打手势。我们等着他，那个蒙古人跑过来，从短袍中取出一大卷亚麻布，慢慢打开。第一卷里面还有一卷，第二卷里面还有第三卷……最后，在最里面的一卷中有一封电报，他庄重地放在我们面前。

那封电报是给杜泰利斯的，所以我们又还给了他，告诉他继续向南走。他又小心翼翼地卷起来——保证不丢失重要文件，这是绝佳的方式，但对商人而言并不可取。骆驼背着两罐汽油，于是我们明白了。在庞江的时候，我们给了世爵几升汽油，可能那两辆布顿也给了一些。

乌德

4点钟的时候，我们到了一个满是低平石块的地方，在这平原上到处都是石块，就像海上的礁石一样。我们似乎在每一块远处的石头上都看到了乌德，我们每走一步都会出现幻觉。为了不让电报机的电线逃出我们的视线，无论到哪里，山上还是石头丛中，我们都紧紧地跟着它们。我们前进变得困难了起来。大概在5点钟的时候，我们看到了一堆石头。在这堆石头的脚下，有一座中国式的房子坐落在石头堆中。几分钟后我们到了那座房子里，这座房子跟我们那天早上离开的那座房子很像。

两个电报员来接待我们。这碰巧是换班的时候，那个老一点的电报员正要离职，正在教前几天刚到的新同事熟悉他的工作。

就要离开沙漠了，那个人显得高兴极了，变得非常健谈。我们走到哪里，他就跟到哪里，总是微笑着。如果我们转身的话，我们肯定会看到这个瘦小的中国人，他带着一条绳子，戴着一副大眼镜，时刻准备着向我们倾诉他的快乐。我在写电报时，他一直跟我讲话：

"我要到上海去。"

"哦。"

"是的。因为我是从上海来的，而且我是一个鳏夫。"然后他腼腆地笑了一下，"我是一个基督徒。"

"很高兴你这么说。"

"我父亲想让我重新娶个老婆，所以我一到上海就结婚。"

"你有心上人吗？"

"我？没有，我不认识我的未婚妻。她是我爸爸替我选的。"

"你不喜欢她怎么办呢？"

他惊讶地看着我，谦逊地笑着，说："我爸爸已经替我选了她了。这是我们的传统。我后天就走了。哈哈！"

我们吃了一点米饭和一些我们剩下的腌牛肉，然后裹着皮大衣就躺下了。两天以来，我们都忘了吃午饭，沙漠中渴的感觉太强烈了。

八、沙漠中的城市

远方的山

乌德是我们的第二个补给站,在那里我们可以找到汽油、机油、润滑油,旅队从北京送过来,那一大堆的包裹和罐头堆满了院子的一角。不过,这些补给足够了,我们还留下一些,告诉电报员把它们给需要的同行。在6月20日前夕,一个从离电报站一英里多路的乌德井那边来的蒙古人给我们带来了点消息。在井那边他看到了从南部来的旅行队司机刚到达,这些人报告说"陌生的战车"前晚在离乌德180里(约65英里)的地方扎营。我们觉得这个报告有些夸大,因为他们的旅队一晚上走不了100到110里的,我们同伴的车也只能走40英里。博盖塞亲王决定在蒙古首都库伦等他们两天,我们预备第二天到那里。

我们出发去下一个电报站图尔林的时候,西边天上还闪烁着星星,那里有200英里远。

准备往伊塔拉车的油箱里灌汽油

在乌德电报站，博盖塞亲王向人打听去图埃林的路怎么走

我们喝了热茶，和朋友告别后就上路了。

早晨的空气很冷，我们穿着皮衣，但看起来似乎不能保护我们。三小时之后我们已经把皮衣扔到后座上了，到了上午9点的时候就已经受到和前一天一样的酷暑的煎熬。

我们觉得天气一天比一天炎热，但事实上这只是感觉而已，因为我们的皮肤已经由于暴晒而变得过度敏感了。随着日子过去，甚至是汽车前进中的风也不能让我们感到舒服一点。我们感到非常渴，干燥的空气让我们的喉咙和全身都感到非常难受，一个井的出现是一个能让人非常高兴的事情。我回忆着自己靠着水管喝着清凉的水的样子，这成了生活中最大的享受。我们站在井边的泥土上，把头仰到背后，水冲到我们的脸上，顺着脖子流到衣服上。我们多想痛快地喝水，用所有的感觉去享受这甜蜜甘醇！

这种渴和炎热的痛苦在这短暂的休息之后再度袭来的时候，我们尝试去用想象来战胜渴望。我们想象着世界上最清凉的饮料，埃托尔总是想象一大杯的冰啤酒，由于泡沫而显得混浊，然后从杯底开始渐渐变清澈，泡沫让他的喉咙感到兴奋。他时常"给"我这杯啤酒，作为回报，我"给"他冰咖啡。我不知道为什么在沙漠里冰咖啡是我最想要的精神意象，我们彼此都决定在回到文明的世界之后一定要以最快速度去品尝我们在这里想象的饮料。

乌德和岩石都从视野中消失了。连续数小时，汽车行驶在绵延不绝的峡谷之中那低矮的红岩山丘夹道上。越过山丘，有几条狭隘的石径还算好开，但大部分路程行路艰难。我们的汽车高速奔驰，穿过条条平坦大道和崎岖小路，在这片未被开垦的处女地上辗下痕迹。

尽管道路条件苛刻，汽车还是如野马脱缰

般飞速奔驰，这种情况恐怕是前所未有的。这种毫无牵绊飞驰的感觉几乎接近自由，感觉很棒，但广袤之中的孤寂沉静愈来愈让人难耐。极目所眺方圆百里内，见不到别的生物，不时隐约生出莫名的恐惧。凭直觉似乎感到前方潜伏着危险，这危险来自脚下这片原始而野性的土地。

很疑惑为何地球总被拟人化成很强大，一方面我们称她为地球母亲，表达我们的感情，另一方面又觉得她时而温柔，时而无情。地球的许多特性总能引起我们共鸣，因为在她本质里有一个伟大的灵魂。此刻身处沙漠之中，这种感觉更加明显。独在异地，触景生情，免不了生出排斥和不信任。这让人忍不住认为沙漠对寂静情有独钟，犹如不容亵渎的墓地。

多么希望能够看到一棵树，这个时候树就像忠实的朋友，伸出臂膀庇护旅人。然而自张家口一路行来，草木不生，前天在离乌德不远处总算看到几片绿色：一条干涸的河岸上顽强地生长着一排共七棵植物，七个生命的奇迹！靠近后看清那是类似撑柳，略小于人形的植物。光秃秃的土地让我们高估了它们的大小，尽管如此，它们的存在已让我们如获至宝，看着它们欣喜不已。

当我们再度踏上草原，估计应该是上午10点钟。

从谷底到山坡都严严实实地裹着草甸，草蔓延开去，愈发茂盛。绿野里传来声声鸟鸣，起初稀稀落落、隐隐约约，慢慢地此起彼伏、嘹亮悦耳。云雀如织，还有有着雪白胸脯的鹌鹑，头羽如缨的苍鹭，这些快乐的空中生灵在汽车附近平地雀起、漫天飞舞，不时地全都围绕着我们。也许附近有水源，果不其然，一会儿后我们来到一处水塘，灯芯草丛生，栖息着细长红腿、雪白羽毛的火烈鸟，还有其他一些水鸟、黑头鸭和天鹅。几只羚羊仰起头瞥一眼我们这些不速之客，又飞快地偏过头去。

奔驰的汽车里看到的景观完全不同于行走的驼队，上个小时还在沙漠，此时已到草原，这样的行程对驼队来说需要一天的时间，所以它们对景物的变化不大留意得到。

汽车行到一片连绵50英里都极其平坦的平原，很希望能够一直如此，当然这是不可能的。草原尽头，鸟鸣声止。再次身陷沙漠，我们不得不在这岩石遍地、寸草不生的沙漠区小心翼翼地前行。遇见中国驼队，我们在帐篷旁的水井边歇下，蓝色的帐篷里钻出赤膊的赶驼人，向我们走来。

"图埃林离这儿还有多远？"我们问道。

他们遥指北方，示意很远很远。

"几里路？"

他们也不知道，其中一个回答："两天路程。"

另一个人很耐心地告诉我们关于图埃林和一座山丘的事，指着远处的路上的一点。我们只搞懂图埃林坐落在一座山脚下，而从那人指的道路上的高地可以看到那座山。

事实证明他们说的完全正确。汽车行至那人所指之地，视野内映入大片的岩石，像直布罗陀海峡。岩石在50英里开外，由于极好的能见度，能看到它的黯淡的蓝色。颜色极淡，所以渐渐地就看不清了，如同海上眺望遥远的海岸，不一会儿便看不真切了。耐心观望极目之处，等待那自然奇观的再次浮现。

道路在延伸，图埃林山脉的存在犹如导航星。这回又是绵延的山谷起伏，枯燥而乏味。

每每爬上山丘我们总期待能看到离"直布罗陀"更近了，却根本连它的影子也不见。几个小时过去了，颠簸的道路没个尽头，我们的力气仿佛被不知疲倦运转的引擎抽干了，身心疲惫。有时我们感到简直是在推着车前进，汽车运转着，与汽车紧密相连的我们似乎也不停工作，终于体力不支。道路艰阻，随着汽车的颠簸，我们的神经也高度紧张。

岩石山再也没出现，我们一直对彼此说："不多久就能再看到了。"

事与愿违，岩石山还是没有出现。每一次的失望似乎把我们甩回离它更远的几百里外，这样四个钟头后，我们再也不抱希望了。

"那座山不过是一组线条罢了。"我边说边指着地平线处因透视效果而产生的若隐若现的线条。

"倘若那真是山的话，不可能消失的。"埃托尔似乎很有见地。

"但那的确是座山。"博盖塞亲王说。我认为此人倔强固执至极。

我们开始相信目标遥不可及，心灰意冷了。

灾难全景

那天正好轮到我坐车内地板的位子，很不舒服。我不得不斜坐着，一条腿搁在车门处，头朝窗外——对喷泉女神来说的确是个优美的姿势，对长途旅行者来说可就吃不消了。由于脸靠近引擎箱，享受着火热的气息，汽车转弯或颠簸时，不得不借抓住某个物体来保持平衡，否则这种姿势难保不被颠出车外。对短途旅行来说这听上去可能不可思议，可对这样的长时间驾车来说是很重要的，因为体力和脑力都在慢慢消耗，陷入疲惫状态。窗外一成不变的景物，单调孤寂的道路，再加上高温，各种感官不由自主都迟钝了，不是昏睡那样的迟钝，而是一种忘我，忘记自身、时间和空间，逐渐意识模糊。人开始陷入安静的精神错乱状态，眼光涣散，眼前的一切都毫无意义。不知盯着车轮看了多久，渐渐模糊成飞泻而下的瀑布，瀑布的下落没有尽头，那其实是我内心对水的渴望。脚下的土地犹如汹涌的河流，流淌而过，流过我们狂热的梦想。有片刻，似乎一切对我而言都茫然而无意义。我很清楚自己处于错乱的边缘，还剩下一丁点意识仍然清醒着，自我保护的本能敲着警钟，然而我却无能为力，任自己陷入茫然，飘飘然起来……不止一次，一只手用力搭上我的肩膀，响起博盖塞亲王的声音：

"当心，你好像在失去意识。"

仿佛被人发现不小心睡着了一样，我感觉有点羞愧，答道：

"哦，不，不会的。"

十里开外，赫然入眼的是那座岩石山。一块巨大的岩石拔地而起，岩壁陡峭，构成了那么一座山。显然，我们经过的那些平原和高地组成了一个很大的"戈壁滩"。在对图埃林山的远远一瞥之后，这座戈壁滩一路上挡住了我们的视线。

渐行渐近，山的形状线条变得奇怪起来。它并非是单块的岩石，而是许多岩石层层叠叠堆积，线条参差不齐，很像巨石阵。

45分钟后，穿过很有宗教意味的石堆，仰望那模糊的石丘，爬上山坡，仿佛置身于满目疮痍的废墟之中。那些奇形怪状的石头仿佛从天而降，被咆哮的洪水卷到此地，有的被倒了个儿，有的被摔破，一片狼藉。沉静的沙漠不再顺从地舒展，而是拔地暴起，粗暴地刺破这广袤的平坦。

汽车艰难地颠簸着攀上驼队走的路，"突突"的引擎声回荡。四处张望寻找岩石堆里是否有电报站，没有了电线的指引，难寻其踪，仿佛它已消失不见，很可惜没能找到这个安身之所。

不远处的灌木丛里忽地蹿出一只狐狸来，没有落荒而逃，而是像狗一样温顺安静地跟了我们一段路，朝我们扬扬尖瘦斑斓的鼻子，拖着粗大的尾巴。不一会儿，狐狸离开了。我们到达西部的最高点，那边的岩石样子奇特，犹如巨大的动物的脊背，蹲下身体贴着平原。

很出人意料，越过巨大的岩石堆，阳光下四个金色圆球闪闪发光，对称排列，高度如一，很一致。我们惊奇地屏息观看。前方数百码外，岩石上方金球平衡地悬着，落到道路的左侧。此刻，石堆里形成空旷的空间，眼前模糊的景象渐渐变得真实，令我们由原来的好奇转为疑惑，继而惊异。不久，我们停下车，热切地注视这令人难以置信的沙漠蜃楼。鸟瞰这座城市，岩石环绕，四座雄伟的庙宇向南一字排开。它们好像完全由木头组成，这些木头上了颜色，被雕刻过还镀了金。它们的屋角如同中国建筑一样向上扬起，其构思可能源于帐篷，但并没有像帐篷的角那样突兀。屋顶的最高处是金色的球，四个金球互相隔开却又极其相似，因此看起来非常庄严。庙宇四周没有一丝绿色，有的只是黄沙和少许岩石。城市坐落在不远处，为表示敬畏与庙宇保持一段距离。

沙漠中的城市

很难想象世界上还有比这更奇怪的城市。宽阔街道的一边矗立着一排排方顶的小木房。它与那些神庙虽然看起来还算新，但却很荒凉，街道也空荡荡的，看起来一个人也没有。它似乎突然被施了魔法，除了几只狗以外，好像根本无人居住。这些狗时不时地穿越街道，在众多的房子中间慢跑，然后成群地躺在阴处。整个城市寂静无声，如同它周围的沙漠一般。

谁会住在这里呢？就只有和尚了，这里一定盛行佛教，只有他们这些为了祈祷和沉思而生的人才能活得如此平静。在这里我们听不到童音，这种声音是人们生活中每时每刻不可或缺的，因此这里只能住着和尚了。我们下车去了一个寺庙，但因为担心我们的出现会引起骚乱而没有进入这个城市，我们就是急切地想找地方休息。我们又上了车，继续寻找电报站，和这座神秘的城市作别。

一个牧民在放牧，羊群在山的影子中吃草。但他离我们太远了，没办法去问路。

我们从山的北面下去，还是不见电报站的踪影，我们又折回去问那个寺庙的喇嘛。

我们又折回来，进了那寺庙。有个人看见了我们，于是从街边出来一些人，后面跟着狗，向我们走来，带头的是一个受敬重的老者。博盖塞亲王向他做了一个打招呼的手势，老者被吓跑了。博盖塞亲王又向另一个年轻人做了一遍这个手势，他鼓足勇气接受了。

怎么向一个蒙古喇嘛询问电报站的位置？我们用尽了所知的中文，做尽了手势来表达电线、电线杆、小房子，形象地模拟电报键在发

在库伦附近：过去的车与未来的车相遇

图埃林的喇嘛们将伊塔拉车团团围住

沙漠中的城市

图埃林的喇嘛们和他们的狗

送电报时发出的声音，但是我们只得到一个回应，那就是大笑。不过，至少他们对我们的敌意消失了，幽默战胜了厌恶，他们成了我们的好朋友。但我们还是不知道该往哪里走。

这时，博盖塞亲王有了个好主意。他拿起笔记本，在上面画上电报标杆，还配上了绝缘体和导线等。喇嘛们对亲王的画表现出了极大的兴趣，他们一个紧挨一个，从别人的肩膀上探出头看。他们年龄不一，胡子剃得很干净，头发剪得很短，穿着黄色或红色的斗篷和袍子。很多人将斗篷绕在腰间，像托加袍一样搭在左肩，一角遮住头。袍子，斗篷，人们，都脏兮兮的：唉！沙漠中水太稀缺了。这些人与世隔绝，以便更好地学习、参悟佛教教义。我们的到来，对他们而言多么难忘！蒙古人神圣的经书来自遥远的西藏，他们把这些经书带到最荒芜的地方。他们像藏珍宝一样将经书藏起来，他们似乎认为，佛祖的教诲只能在孤单寂静中参悟、遵守。

博盖塞亲王画完电线之后，想表示电线消失的地方就是电报站。接着用手指在上面敲，好让喇嘛们明白我们要找的地方，明白画这么多的最终目的。喇嘛们终于领会了他的意思，开始大喊大叫并指指点点地引我们去。他们到了公路上看见我们的车，很吃惊，似乎不相信自己的眼睛。他们围着车，不相信地打量着。几条狗跟着喇嘛过来，近距离地检查汽车，这显然缺乏礼貌。埃托尔觉得是时候发动引擎了，于是果断地转了两下手柄。汽车开了起来，那些喇嘛和狗惊慌地向那座城市逃去⋯⋯

幸运的是，我们从他们的话中听出，通往电报站的路是穿过岩石间弯曲的小径一直向东。车爬上通往山脊的斜坡，越过岩石间的过道，从另一侧下来。然后，我们来到了一片洒满余晖的草地，草地上有蒙古的第三个电报站。它和其他两个一样小，一样的泥筑房屋，也一样让人充满遐想。

一辆神秘的车

这儿的中国电报办事员十分热切地说："你们知道有另一辆车经过吗？它是开去库伦的。"

"不可能！"

"是真的，它没停下来，开得像一阵风一样。"

"那怎么可能！"

"我很清楚的看见了，它是从乌德方向开来的。"

"那是什么时候？"

"几小时以前。"

有谁跑得比我们还快？我们什么也没看见。或许在我们问路的时候，或许一辆布顿汽车连夜开车超过了我们。

"你确定吗？是一辆汽车吗？"我们问。

"非常确定。它从乌德开往库伦。我马上就发出了电报。"

"像我们这样的车？"

"小多了，小了很多！"

"你能不能马上向乌德索要所有汽车的详细资料？"

这个尽职的中国人就坐到了电报机前。过了一会儿，他严肃地看着我们说："他正在吃饭。他说要等他吃完饭五分钟以后。"

乌德电报站的那位办事员吃完以后，我们得到了想要的信息。这儿的办事员马上就把电报给了我们。

"伊塔拉今天早上四点离开了乌德。"

"非常正确，然后呢？"

"世爵牌汽车昨天因缺汽油而停留在庞江北面100里的地方，他们用骆驼给它送去了汽油。两辆布顿汽车今天下午一点同时到达乌德，两点离开的。"

"没了吗？"

"那辆肯特三轮汽车在庞江和张家口都不见踪影。张家口已经派出骑兵去寻找，就这些了。"

很明显，世爵牌汽车离我们有300英里，那两辆布顿汽车离我们大约150英里。几小时之前经过的那辆汽车的谜终于解开了，我们刚刚怎么就没想到呢？

"你看到的就是我们这辆车，"我们跟这位吃惊的电报办事员说，"是我们开车经过这里，但没有停下来，因为我们没有看见这个电报站。我们环顾四周寻找它，但就没有朝这个方向看。"

他怀疑地说："那车看起来小了很多。"

"那是因为距离远的缘故。"

"啊，是的，距离远所以东西看起来就变小了。"

如同找到真理一样，他显得十分满足。

想起我们已经走了那么远，我们才发现我们离北京已有1000英里了。为了好好庆祝一番，我们决定大吃一顿。我们恰好在附近遇到一个喇嘛牧羊人，付银元向他买了只羊羔。然后我们把羊羔交给这个电报办事员，几个小时之后他就给我们送来了一只蒸全羊，在我们看来这是世界上最美味的东西了。在一番狼吞虎咽之后，我们开始一边吸烟一边谈论白天的冒险，那个奇妙的沙漠中的没有女人生活的城市，我们还讨论接下来的旅行，还决定了我们的下一站将会在哪。我们白天的疲劳和饥渴一扫而空，白天因十二个小时不停的暴晒和因怀疑和焦虑而引起的神经紧张，所有的这些受过的罪全都抛到了九霄云外。

过去的苦难看起来如此渺小，不值一提！未来在召唤我们，我们没有时间回头看，忘记痛苦也是人类最大的精神财富。每天早上启程的时候，我们精神饱满，信心十足，因为我们忘记了前一天旅途的艰辛。每次出发我们都想象所有的困难已经被我们所克服。遗忘和希望是我们前进的动力。

赛程如人生。

图埃林处于戈壁滩的边缘，南面是贫瘠的土地，北面是庞大的草原。高耸的岩石似乎将这里变成了一个标志，就像一座灯塔，为旅人们标记出死地与生地间的界限，对一些人说："做好准备！"对另一些人说："鼓起勇气！"

也许们从戈壁滩来的缘故，从图埃林到库伦看起来极其漂亮。风景、公路、蓝天，一切都让人赏心悦目。甚至连天空也变了，我们羡慕天上时而飘来的白云，尤其是当它的影子从我们身上轻轻掠过的时候。我们的时速大概是每小时三四十英里，地面有些凹凸不平，我们就任由汽车快速而重重地跃入一块块凹地。我们非常高兴，有说不完的话，对所有我们看见的东西都不放过。我们的思绪就这样驰骋着。

埃托尔问我们什么时候能到张家口！——是的，张家口，因为埃托尔喜欢简单，从记忆中清除了大部分已经或尚未走过的地名，只留下了几个以方便说话。而说到这几个的时候，他并不仔细留意他要指的是什么地方，这是他独有的术语。张家口也就是"那个……的城市等"。

埃托尔的记忆力与地理相悖，不同的名字从他嘴边滑过，速度快得像飞翔的小鸟，没有停顿。当他一旦抓住某个话题，就绝不放过机会，对此滔滔不绝，并且会说给那些上次遗漏掉的听众听。他对我们此行的路程也不在意，他那乐呵呵的心态使得我们有些嫉妒。有的时候我们会笑话他所犯的地理错误，并不是因为他犯的错误而发笑，而是他的错误很有创新性，我们笑仅仅是大脑对错误的原始生理反应，从埃托尔那里我们感受到了一种单纯的快乐。在他看来，两大事实可以体现我们此次旅途的意义：首先，从早到晚，我们得不停地奔波，或者说，最近两三个月来我们一直在奔波。第二，为了到达目的地，我们必须小心地开车，竭尽我们所能来细心照看汽车，经常对其做检查、保养、清洗和润滑，而这些都是他的工作。当晚上我们到达沿途的停靠站时，他总要检查完机器才去吃饭睡觉。有的时候，他会在发热的车身下的某个奇怪的位置躺好几个小时，以检查和修理汽车，车上滚烫的油滴落到他的身上。有时，他会在深夜起床。在被他惊醒后，我们会听见他一个人在那儿修理汽车的声音。他把汽车的部件一个个地拆下来，观察研究发动机的结构，然后又把所有的零件装回去。在黎明时分，他总会把汽车查修好，以便向"张家口"出发。

追赶羚羊

有一天早上，我们又一次偶遇了大批的马

群，再次目睹了它们充满激情的奔跑姿势。我们还遇见了一些牧羊人和牧牛人，还看见了一些蒙古包。长毛的黑色牧羊犬追逐着我们，成群的绵羊围在井边喝水解渴，在这里，我们可以在白天开着敞篷车行驶。我们正在重新进入"生物地带"，这儿的每样东西都让我们兴奋不已，我们说啊唱啊的。驾车的博盖塞亲王吹起了他最喜欢的那首歌的口哨，我即兴为他做了伴唱。

此时正在远处吃草的羚羊受了汽车的惊吓，试图从我们面前的公路上飞跃而过。我们从未注意到羚羊有这种奇怪的飞行方式。这些可怜的动物受到惊吓后会以更快的速度越过我们，捕猎者深知羚羊这些奇怪的战术，他们不会直接朝猎物飞奔而去，他们的做法是偏离羊群方向而行，仿佛是不去理会羊群，因为他们知道羚羊会自发地往那边过去，落入射击目标范围。正是羚羊最原始的狡猾使得它们在一个恰好的角度越过敌人的路线，这些动物以为敌人会因为推动力而被带偏了方向，这样猎人就会因为要掉头而浪费时间。

突然，我看见在我们左边几英里处，有一条红色长带在草原上飞速移动，它震颤地移到了右边，身后扬起一片灰尘。

"快看快看！"我指着它大叫道，起初，我并不知道那是什么。

"跑起来跟火车似的。"

"那是动物。"

"那是羚羊吗？"

"是的是的，现在可以完全看清楚了。"

"这儿有一只跑在了其他羚羊的前面。"

"瞧它们的腿，它们在飞奔啊！"

"真壮观啊！"

"太棒了。"

"你觉得那有多少只羚羊？"

"谁知道啊，可能有500只吧。"

"好多羚羊啊！"

在离它们不到500码的地方，我们可以清楚地分辨飞奔中的羊群，它们的队伍紧凑而又庞大。按照羚羊一般战术技巧，它们会朝我们这边奔过来，并横越马路。

"我们去追它们吧。"

博盖塞亲王把车速调到第四挡并按下了加速键，发动机的咆哮声变得更加尖锐刺耳。我们的车子在布满沙尘的道路上前行。在那一瞬间，我们以为羊群没有时间能赶在我们之前经过马路。对由造成它们内部的混乱，我们感到一阵得意，有些残忍的得意。

"我们现在的车速是多少？"

"50到60英里。"埃托尔回答说。

迎面而来的风大得跟台风似的，我本想拿出毛瑟枪来射杀一只羚羊，绑在行李上一同带回库伦的，但是我却无法将这种想法付于行动。我们赶上了那些飞速的羊群，但是后来它们改变了方向，分成了两组。有的时候，我们身陷这些陌生的羊群中，被它们飞奔所带起的烟尘所包围着。有时，会有一只胆怯的羚羊由于害怕而跌倒或翻滚在地，其他的羚羊便从它身上踩过或一越而过。它自己抖抖站了起来，不一会儿，又出现在羊群中了。我们追赶着羊群兴奋得大叫，当一个人变得疯狂的时候，人性中所有的本性开始苏醒，我们没有其他武器，只有嗓子。我们无法捕杀羚羊，于是期望着能吓着它们，我们的尖叫声使得它们害怕到了极点。不一会儿，这些拥有牡鹿一般的身材和茶色后背的羚羊们闹哄哄地涌向旁边的小道，像一次唐突的生物演化，最后消失在草原的远方。

库伦

早上10点，我们来到了一个多山而又舒适的地方，我们即将告别蒙古大草原了。很快，我们穿过山谷，看到了无边无际的平原。我们看得有些惊讶与茫然，就像是在海上航行了很久之后登陆上岸的人们那样。

在这里，蒙古包和羊群更为常见。我们遇见了一个穿着奢华红绸衣的蒙古人，而他的同伴确实衣服破烂得让人觉得是仆人。当时他们正坐在草地上休息，手中握着马缰。他们看到我们，似乎受了惊吓，马上站了起来想逃走。但为时已晚，不一会儿，我们从他们身边飞驰而过。他们看到我们并无恶意，便不再害怕，抬起头来笑得很夸张。在他们看来，我们的那辆"双轮马车"简直是个笑话，是件非常奇怪而有趣的东西。他们把手放在膝盖上，一直笑着。

草地上有很多土拨鼠在嬉戏，它们总会先好奇地看看我们，然后跑向地洞躲起来。它们会抬起后腿，那个样子非常像人，非常有趣。如果它们的洞离得比较远，这些机警的小家伙们会躺在地上假装被雷劈死。当我们一经过，它们就又马上生龙活虎了。我们非常喜爱那些土拨鼠，它们分布在库伦的很多地方。

我们到达神圣的博格达欧拉山脚下的时候，已经11点了。之所以说它神圣，是因为它被称作"圣山"，在山的另一边，是图勒河，河的两岸是圣城。博格达欧拉山的山顶覆盖着一层深厚的松树林，树林绵延不断，一直延伸到山谷里。这是我在沿途800英里内第一次看到的树木，看着这些松树，我们也觉得赏心悦目。在中国的旧边境上，我们见过柳树、杨树、桤木，而在这儿，我们看到了松树。我们经过不同气候带的植物群，现在到了更寒冷的地方。从这里的地貌可以看出我们已经驶出了多远，我们感觉得出这儿的寒冷不同于北方的那种寒冷，我们快要接近西伯利亚了。

我们从图勒河谷出来，向西眺望，可以模模糊糊地看见库伦，看起来像海市蜃楼，点缀着许多白色建筑物——这些是以前的避难所，我们花了很长一段时间才到那儿。图勒河及其分支好几次与公路相交，你可以通过俄国的桥过河，但是蒙古人更喜欢涉水而过，我们最终也是这样做的。

库伦有三座城市：中国城、蒙古城、俄罗斯城，每两个城市之间相隔数英里。它们像是壕沟间一个个营地，每个营地的四周由高高的木栅围着。就像是古代人在战争中用围栏抵挡外敌的攻击，这些高高的木栅也同样围住了各自的居民和神殿，道路仅仅是一堵堵木墙间的通道，给人以伤感和单调的感觉。

现在肯定还有危险在威胁着它们，这些防护设施肯定不仅仅限于传统意义上的保护作用。俄国领事馆是一座拥有西伯利亚建筑风格的小别墅，它孤立于中国城与蒙古城之间，周围布满最现代化和最有效的防御设施：堑壕、渠道、电网、涵洞等。除此之外，它还拥有枪支和一支贝加尔和哥萨克人组成的驻军。再往西一点，蒙古城的边上属于驻防清军的指挥官管辖。他也挖战壕，建堡垒，在外面加木栅防护，并在顶部建了城垛，在其他各个角落安排哨兵。中国与俄国都在这儿挖了战壕，似乎是害怕对方会占领土地，他们之中谁才是真正的统治者呢？

有一点是肯定的，统治者肯定不是信奉独立自主的蒙古人，也不会是大喇嘛。大喇嘛是活佛，他只在喇嘛寺内过着隐士一般的生活。当你还远远没有到达城市时，你就可以看到寺院里的白色建筑物了。据说活佛存在于三个人的体内，世界上仅有的三个人：西藏的达赖喇嘛、库伦的达赖喇嘛和北京的达赖喇嘛。虽然他们三个都拥有佛的灵魂，但是他们的价值却相差很大。西藏的达赖喇嘛是最神圣的，其次是库伦的达赖喇嘛，最后是北京的达赖喇嘛，他们的不同点还在于祈福能力不同。并不是说达赖喇嘛的道德价值越高，他们就越受尊敬，事实情况是，他们的作用越大，他们越受尊敬。两年前，当英国的探险队到这儿的时候，西藏的达赖喇嘛从拉萨逃往库伦寻求庇护，很多蒙古人抛弃了自己原来的信仰而改信西藏的神，他们认为后者的祈福更为有效。

库伦的神力使它不幸沦为许多政治阴谋的导火线，一个勇敢机智而又富有活力的蒙古人首领可能会对大清的统治构成危害，也许这就是为何活佛总是小孩的原因。当别人膜拜的对象是很简单的，即使一个小孩也知道应该怎么做，但当年轻的喇嘛到了一定年龄，即将成年并开始独立时，他总是会突然离奇死亡。但是他们总是在死之前就选好了下一位继承人，另一个小孩会随即登上圣坛。

上一任大喇嘛很幸运地逃过那一劫。对此，有人将奇迹归结于俄国领事对喇嘛的警戒和保护，在库伦，俄国领事是一个很大的外交官，他属于布利亚特族人，与蒙古人是同族。领事与大喇嘛是好朋友，他可以自由出入那神圣的领地，而清廷官员就没那种特权了。大喇嘛表面上对中国领事很友善，实际上却厌恶他。如果这种神力还存在的话，也会因为饮酒和其他一些坏习惯而大大减弱。如果他们不扼杀生命，至少会想要扼杀灵魂。

营地间布满沟壑，相互之间阴谋诡计，关于谋杀的谣言，所有的这些景象让人感觉是生活在中世纪悲惨的亚洲。我们汽车的突然出现与那里的一切形成对比，使得所有的一切显得虚幻和不真实。

然而事实上，大喇嘛自己也有一辆汽车，是俄国沙皇作为补偿而送给他的，可能是因为对藏传佛教的竞争。但是那辆车从没开出过一米，当车子被送到库伦时，年轻的活佛就让两名男子在院子里推它，希望它能自己动起来并可以独自漫行，但结果却令他们大失所望。后来，达赖喇嘛决定用一头公牛来拉它，并将它们一起送到了自己的夏季居住地。现在汽车已经锈迹斑斑，除非有一天某个欧洲国家再送一个司机过来，否则汽车只能永远待在那儿了。

九、库伦

在华俄银行

在库伦的三个城市中，我们最先抵达的是中国城。我们进了城，因为电报在城里。我们已经习惯了跟着这两道电线，确信它们可以带领我们去往任何地方。这是中国的线，它们选择在径直向北去往崎岖的山峦之前，在中国城停留。它们作为向导的任务快要完成了，它们带领我们穿过中国城脏兮兮的窄街，突然越过一段栅栏，我们只能困惑地停下。

我们的到来使得人们聚集在门口。我们快速地看了看堆满行李、骆驼和孩子们的院子，看了看拥有复杂几何形状的栅栏的中式建筑，看了看小小的、多彩的寺庙，栅栏后面是繁荣和劳动的景象。这里的居民大都倾向于经商，茶、毛、皮、马的贸易使他们富裕起来。他们一般经营商队，拥有几百匹骆驼和牛。他们肯定知道我们要来，因为他们好奇地看着我们，却不太惊讶。电报散播了汽车的消息，这些留着长辫子的人通过与俄罗斯人的接触，通过与西方世界经常联系，已经可以冷静理智地看待汽车了。有些人问我们是不是从图埃林直接过

库伦的一片蒙古包

库伦的蒙古人

来的,得到我们肯定的回答后,他们转向其他人,热烈地交谈起来。

在库伦的中国城街道上,我们第一次看到了蒙古地区北部的女人,她们的帽子非常奢华,我们觉得很新奇,克制不住地总是看。蒙古地区北部的已婚妇女将头饰变成了融合千百年来女性想象的杰作。她们的头发从面颊两侧垂下,形成两条又宽又平的带子,而且都贴得紧紧的。这两条带子一点也不像头发,而像两把巨大的黑色抹刀,构成面颊的框架,几乎与肩膀同样宽,在胸前戛然而止。上面扎着一些彩带,呈扇形分布,构成一种奇特的光圈,还系着银环和亮闪闪的小钱币。我们欣喜地辨认出了许多10或20戈比的俄罗斯小钱币;这进一步表明,我们离俄国不远。如此复杂的发式一生中自然只能梳一次,蒙古女人结婚的时候,会请专业人士来打理头发,从此她只需保持即可。她们经常把"抹刀"擦干净,需要的时候就把它们举起来,洗澡的时候,这种神奇的发式也不会受到影响。

我们不知道该往哪走,甚至开始询问华俄银行在哪儿(华俄银行在等我们)。正在这时,一名中国士兵骑马疾驰而来,为我们指路。我们经过一排小小的藏式白塔,依稀像巨大的九柱戏,然后,山尖上出现了一座欧式宫殿。在蒙古腹地看到一个欧洲元素,这种突如其来的喜悦真是难以言说,那种感觉就像看到了自己家一样。我们不知道那座宫殿是什么,它距我们有三四英里远,四周还环绕着工棚或马厩这样的低矮建筑,但我们知道,那一定是户友善的人家。它看上去就非常友善,即便距离遥远,仅看到那熟悉的外观,我们就已经很开心了。不一会儿,我们就看到了"华俄银行"四个大字,是以四种语言书写的。我们兴奋地按响了喇叭。

门口有一辆俄式四轮马车,两名哥萨克人

路过，停下来看看我们，我们兴高采烈地与他们打招呼。一位留着胡子的农夫从一扇小门中探出了头，马上又缩回去了，可能去宣布我们到了。

"我们似乎已经在西伯利亚了！"我们欢呼着互相道贺，似乎旅程已经结束了。

银行门开了，经理斯捷潘诺夫面带笑容，热情地招待我们，对我们提前抵达并未表现出惊讶。

"哟，这是意大利旗！"他说，看着我们车尾招展的旗帜。"非常欢迎，博盖塞亲王！啊，说实话，我没想到你们能到这里。我知道那片沙漠，而且你们的车看上去很重。我以为你们会落在后面。我听说轻一点的汽车机会……哦，非常欢迎！这边请！这边请！一切都准备好了。"

的确，一切都准备好了。整座楼都布置好了迎接我们。楼梯上插着俄国、法国、意大利的旗帜。大厅里摆着一张长长的桌子，桌上有二三十套餐具和甜点，洁净无瑕的餐巾折得很别致，一长列亮闪闪的水晶玻璃和瓷器令人惊叹。

"我马上通知委员会。"主人带我们参观完房间之后，说。

"委员会？"

"是的，俄国接待北京到巴黎参赛人员委员会，我告诉他们你们到了。他们都会来这里接待你们的，但我们没想到你们在夜幕降临之前就到了。我们听说，今天早上6点30分一辆汽车从图埃林出发。有150多英里呢。接待不周，敬请谅解。"

原来有个委员会！我们现在完全置身于西方文明之中了。这些好人通力合作招待我们，为我们提供舒适的环境，为我们的会面、交谈、日程安排操心，我们对此满怀感激。

斯捷潘诺夫先生是委员会主席。一系列难忘的真诚而慷慨的祝福从库伦开启，这些祝福在漫长的旅途中，或多或少都给予我们前进的动力，为我们开启了宫殿或棚屋的门，使我们感到无论走到何处，都有人热情洋溢地说："来吧，这里就是你们的家。"

奇怪的朝圣之旅

从房间的窗户，我们眺望着图勒河河谷及零落的城镇。博格达乌拉山耸立在面前，山顶上覆盖着松树。传说那座山上有成吉思汗陵，对一位征服者而言，这陵墓的确十分壮丽。或许正是由于这种传说，这座山被视为圣地，伐木或是打猎都是亵渎。甚至没有人爬山，担心打扰伟大的神灵休息。如果你问蒙古人，为什么他们从来不爬博格达乌拉山，回答一定是，这座山是神灵为自己建造的游乐场地，他经常去散步、追捕。在他们的想象中，这座山就像神灵的私人花园。与所有平坦大地上的远古居民一样，他们对山峦怀有宗教崇拜，他们经常在山上搭建敖包，他们爬山是为了祈祷。他们认为，地面上的每一处抬升都是为了让大地与天空更加接近，博格达乌拉山是他们知道的最高的山，因此一定是最神圣的。而且，山上覆盖着森林，对草原上的人民而言，十分神秘。蒙古人对树有种崇拜，因为比较稀少。谁能知道牧民单纯的心中对这拔地而起的奇怪形状怀有怎样的敬畏？他们通常将树奉若神明，我们就遇到了很多这样的树，枝条上挂着数不清的写有祈愿的字随风飘扬，即便在南西伯利亚也是如此。

伊塔拉是一场单纯奇特的朝圣之旅的目标。它到来的消息传遍了这片地区，在整个图勒河河谷引起了骚动，人们从库伦的三个城市、从遥远的蒙古包蜂拥而至。汉人是个实际的民族，驾着骡子拉的车来看汽车，再坐着骡车回家。这些骡车已经跟俄国的运货马车有点像了，五六个人挤在一辆车里，穿着节日盛装来参加这难得的场合，我们把这叫作"公共马车"。真正的俄国运货马车也并不缺乏，乘客来自俄罗斯城，穿着色彩斑斓的斯拉夫服装，营造出节日的气氛。还有很多蒙古人，走路或骑马从四面八方赶来。喇嘛们穿着蓝紫色或黄色的丝绸衣服，戴着佛塔似的帽子。浅滩边的牧羊人带着妻子，穿着厚厚的靴子，帽子像美第奇领一样围在头上，边笑边聊天。不时会有一名哥萨克骑兵挤进人群，绕车审视一大圈。

所有人都怀着敬意围着车站着，就像面对某个神迹。库伦的蒙古人前几天就从当地的银行职员处得知，不用马拉的车快到了。当局希望让人们提前做好准备，以免这些奇怪的机器开进喇嘛教的圣城时引发狂热或迷信。前段时间，银行就一直有蒙古人来询问这些可以自己跑的马车的情况，他们的问题非常天真。他们以为，这神奇的马车不能在地上跑，肯定是在空中飞。他们想知道，隔多远的距离可以安全地观看。他们问，就算在车停着不动的时候，站在车前是不是也太过鲁莽？他们最为广泛相信的是，这些车是由一匹看不见的飞马拉着的。

"但这些陌生人怎么能控制看不见的马呢？"人们严肃冷静地听完试图使他们相信没有马的解释后，问斯捷潘诺夫先生。

远古的人们经常生活在谎言的世界中，他们以看不见来解释一切。无知使他们觉得一切事物都很神秘，在一切神秘当中都隐藏着某种力量。在人类事物中不断让神灵介入，就是他们对待世界的一般方式。这并不使他们感到惊讶。他们相信有一匹看不见的马，却不相信人类可以创造出复杂的东西。在他们心里，不可能变成了事实，而事实变成了不可能。

看到我们的汽车，库伦人原本对汽车的认识有了多大的改变，我们不清楚。但确定的是，他们带着赞叹走遍了汽车的每一面，除了前面。前方的路上空无一人，中国人认为这样才是谨慎明智的。蒙古人把汽车叫作"会飞的机车"，他们走驼路时听到的有关汽车的消息，传到遥远的部落中时，很可能已经变成了新的传说。连大喇嘛都对我们的到来展现出很大的兴趣，一名通讯员骑马告诉他我们来了。

一名中国总督坐在我们的车上

下午，清朝的总督来拜访我们。一名官方通讯员飞驰而来，宣告他即将抵达，没过多久，这位达官贵人的队列就出现在石路上，扬起一阵尘土。轿子由四个骑马的蒙古人灵巧地抬着，轿杆放置在他们的鞍头，他们骑马奔驰，彼此保持精准的距离。如果其中一个人偏离哪怕一个手掌那么宽，那位可怜的总督，连同轿子，都会不光彩地摔下来。蒙古人和汉人的骑兵、官员、显贵排在队列的前后。这彩色的队列像暴风一样向我们疾驰而来，带着远古的高贵荣耀，无所畏惧。蒙古士兵垂着长须，表情凶猛。

尽管队列如此盛气凌人，这位总督却是个非常和善谦恭的汉人。他很有外交风范，说话空无一物，对每个人都微笑，对每件事都赞叹，喝完茶之后，就坐着轿子，前呼后拥地打道回府了。

满人将军也来拜访我们。听说我们的车是40马力之后，他非常震惊。天啊！我们拥有的马几乎比他的还多。他马上想到了一个严肃的军事问题，一个疑虑困扰着他：欧洲是不是有军团配备了这种抵得上很多马的车？如果是的话，所有守卫这天朝大国边境的满人将军都形同虚设。十辆汽车只需四天就能占领蒙古！……我们向他保证，这种新式的装甲军团现在还没有，他如释重负。

当天晚上，一位蒙古官员推着一辆小小的手推车（蒙古官员不那么爱张扬），停在了银行后门，递出一张写着汉字的红纸。那张纸是总督的拜帖，还有一些礼品。礼品就放在小车里，似乎不想从车里出来：有两头公羊，这官员花了好大力气才把它们弄出来；几瓶俄罗斯葡萄酒，还有几箱果酱。蒙古官员的帽子上装饰着六品官的顶珠，他把这些东西都放到地上后，坚持要我们检查一下车已经空了，证明他没偷东西。我们证实他说的都是对的。

在库伦，我们找到了第三处储备的汽油和机油，也是来自北京的最后一处储备。第四处在恰克图，经由西伯利亚才能抵达。我们能不能在恰克图找到？安排补给有没有遇到困难？我们的旅途会不会因半路缺乏燃料或润滑剂而延误？我们忧虑地思索着这些问题，因为在这些方面，一点消息也没有。在北京的时候，亲王接到一封来自圣彼得堡的电报，告诉他恰克图有一些为他挑选的补给站，每个补给站都会备好汽油和机油。我们觉得有些不放心，而且，后面发生的事也表明，这并非杞人忧天。

无论如何，我们在库伦装满了所有罐子，尽管这样会加重汽车的负担；这样足够跑1000千米，600多英里。

下午，埃托尔说汽车已经准备好上路了，他通常只用一个词来表达——大功告成。

"一切都准备好了？"博盖塞亲王问。

"好了，我都检查过了。引擎像新的一样。"

我们没什么事可做，除了等其他车手，库伦人让等待变得很有趣。委员会隆重接待我们，有几名哥萨克军官，一位经历过满洲里战争的医官，贸易公司负责人，怀念圣彼得堡和莫斯科生活的夫人们，还有一位像外交官的彬彬有礼的英国人，他是毛皮贸易卓越的带头人。

马厩供我们使用，我不时跨上高耸的哥萨克马鞍，前往中国城的电报局发电报，询问同事们的消息。傍晚我得知，两辆布顿汽车下午5点到了图埃林，第二天就能抵达库伦。还没有世爵汽车的消息，庞江或是库伦都没收到。当时，世爵在沙漠中孤立无援地度过了三天两夜，那位将电报包在亚麻布里、骆驼载着汽油的蒙古骑手还没找到她，世爵上是司机戈达尔和我的同事杜泰利斯。我们刚刚穿越沙漠，对他们怀有深深的同情。不时想起他们的境况，我们感到更为痛苦。我们知道他们快要解脱了，19号早已经从乌德派出了援助，离他们越来越近。但我们问自己：他们知道吗？他们知道自己快要解脱了吗？在沙漠里，未知的前路是否也增加了身体上的苦难？人在有把握的

蒙古的汉人总督在库伦试乘伊塔拉车。驾车者是博盖塞亲王

时候，就会变得强大。谁能让他们安心？从他们头顶的电报电线，我发给报社几千字的报道，却没办法发给他们哪怕一个字！第二天，我们收到了来自乌德的消息，终于松了一口气："世爵抵达——一切都好。"

6月22日用于回访。我们走进了满人将军保卫政权的堡垒，与这位勇士对饮了几杯茶，他身着盛装，由蒙古士兵护卫着。总督在府邸接见了我们，请亲王帮个大忙，他是蒙古尊贵的总督大人，我们没料到他能提出这样的请求。我们对大清、对大清的官员原本抱有一些构想，而他的请求却令我们大失所望。外务部为天朝大国打开了一扇新的大门，而这真有些讽刺：这位大人请求坐一坐汽车！

"没问题！"博盖塞亲王热情地说，"您想去哪里？"

他没什么特别想去的地方。总督只不过想坐在汽车里，在库伦的大街小巷炫耀一番。如果我没猜错的话，他的主要目的是让人们看到他坐在这神奇的车上，这可能会大大增加他的威望。

汽车就在门口。总督衣着华贵，丝绸衣袖盖住双手，珊瑚顶珠是大清官员极高等级的标志，帽子上有两片孔雀羽毛。他先围着车走了一圈，仔细地检查，然后坐了进去。亲王掌管方向盘，埃托尔坐在踏板上。此时，消息已经传了出去，人们很快把我们围了起来。那些留着大胡子的蒙古官员和士兵，时而带着紧张甚至害怕的表情看看他们的首领，时而带着疑虑的表情看看我们。

伊塔拉启动了，先在府前画了一道弧线，穿过一座小桥，然后在空地上疾驰起来。蒙古总督紧紧地抓着座位扶手，看上去却欣喜万分，他的发辫随风飞舞。总督的随从们可能一开始以为主子被绑架了,他们解下拴在附近栏杆上的马,跳上马鞍,跟着这邪恶的机器边喊边飞驰。接着,每个离马不远的人都跟了上来,似乎这里到处都有马匹——四面八方都是骑马的人、喇嘛、士兵、牧民。他们来晚了,汽车已经杳无踪迹了,他们只能跟着其他骑马的人。但他们还是跟着,纵马奔腾。只有少数骑术较好的军官可以离车不远。这壮观的马队像在打猎,像一群野蛮人呼喊着绝尘而去,猛冲到路上,欢乐的喊声不断回响。很多马上都骑着两个人。这场追逐只不过是个游戏,场面却像一场战争。库伦像被一支胜利的野蛮人军队入侵了,人们正保卫自己的领地。似乎整个古代世界都在疯狂追逐这没有马却能飞奔在前的小小的现代之物。

总督希望坐车到华俄银行,并安排轿子去那边接他。这次出行带来了一个意想不到的政治结果,当天晚上,活佛命人带话给我们,几天之内他会告诉我们,我们是否有幸一睹他的尊容。

"怎么回事?"我们问,"他原本很想见我们的。"

"啊,我明白了!"有人低声说,"他觉得被冒犯了。"

"谁?——活佛?——为什么?"

"因为总督坐过车。"

"是吗?"

"很可能。他很讲究孰先孰后,而且他不喜欢总督。"

"所以他不喜欢我们了?"

"没办法了。"

"好可惜!我们本应该让他也坐一坐车的。"

但我们也没有太过妒忌,接受了这一不幸。

从库伦出发

那天下午,两辆布顿汽车抵达了库伦城。司机科米尔、科利农、隆戈尼、比扎克也经历了沙漠的苦难,沙漠改变了我们的肤色,也改变了他们的,尽管他们有宽敞的车篷保护。他们的汽车状况极佳。世爵当天下午抵达乌德,落在后面两天的路程。至于我们,恰克图以南大约40英里有一条友鲁河,我们担心如果在这里耽搁太长时间,跨越友鲁河会成为旅途上的一大困难,所以我们想赶快启程。友鲁河只有在旱季才可以涉水,一场大暴雨足以让它变成难以逾越的巨大障碍。友鲁河上有一个渡口,但并不在我们要走的路上。一位从恰克图来的俄罗斯商人告诉我们,那时河水大约有4英尺深,汽车应该能过得去。我们当然不想耽误时间让河水增涨,即便如此,过河似乎也有点困难,天气似乎要变了:原本晴好的天气却越来越变幻不定。亲王决定第二天——6月23日早上出发。两辆布顿汽车要在库伦多待一天,伊塔拉会在恰克图等他们一整天。

那天晚上,华俄银行的私人房间全都灯火辉煌,大厅里洒满烛光的长桌派上了用场。委员会设宴款待我们,尽地主之谊。我们可以发誓,这绝对是欧式宴会,尽管身处遥远的蒙古地区首府。但中国侍从的出现,时不时地将我们拉回现实。四处是法语、俄语、德语的交谈声,营造出欢乐的宴会气氛,说话的人往往比听话的人还要多。

我自己却担当了少数人的角色。那位医官的夫人向我讲述了她从恰克图到库伦的旅程，结束时她说：

"我不知道你们会怎样驾车通过。"

"那个……我们穿过了戈壁！"

"我不了解戈壁，谢天谢地，但我敢说，通往恰克图的路是我见过的最可怕的路，我还去过满洲里！想想吧，四个小时，我们陷在泥里整整四个小时，马车不断下陷，我们却无能为力，想着接下来的路得靠双脚了。我给你讲过这事，当时我们距离库伦大约有10俄里，那是第四次下陷。"

"当时天气很差吗？"

"非常好，跟现在差不多。你将亲身经历那有多么可怕。"

"我们还是希望旅程不会太痛苦吧，夫人。"我谦逊地笑了笑，这最可怕的故事反倒让我镇定了。女人总是很敏感，在讲述痛苦经历的时候，有时最为自然，情有可原，但却太过夸张了。

我不可能想象得到，当时我的邻座有多么正确。我不可能相信，库伦与恰克图之间的路程会比在沙漠中更令人后悔，几个小时之后我们便会担心汽车的安全。

黎明时分，我们离开了银行，尽可能小心地不要打扰新朋友们的美梦。我们大概像入室窃贼似的，撬保险箱之后，带着赃物悄悄溜走。跟其他的俄罗斯银行一样，库伦的银行很可能也担心革命的"共产主义者"。俄国领事馆派哥萨克卫兵整夜守卫银行，我们出发的时候，这些年轻人在哨位上疑惑地看着。他们似乎不知道该向我们敬礼还是该拉响警报。他们决定敬礼，我们顺利地开往蒙古的库伦城，那里有路通向恰克图。

陷入沼泽

那条路并不好找。现在没有便利的电报线路引导，这阿里阿德涅之线已经带领我们走了接近800英里。而那些早起的蒙古人，我们一停下车想问问他们，他们就马上逃走了。幸运的是，我们在银行准备了一小袋俄罗斯零钱，把一块20戈比银币夹在拇指和食指间晃了晃，那些人就神奇地停下了。博盖塞亲王懂一些俄语，我懂一点汉语，问了好几遍去恰克图和买卖城的路，终于让他们听懂了。我们向北转，离开了库伦，走进一道宽阔的绿色峡谷，前面是未知的小路，在草丛中交错纵横，时而消失不见。

走了不到15分钟，汽车就突然停下了，差点儿向左翻过去。

引擎还在运转，发出轰轰的响声，冒出股股刺鼻的白烟。它似乎嗅到了危险，正聚集起全部力量下定决心逃跑，但我们仍在原地动弹不得。我们向外看去，发现左侧车轮已经深陷进了泥里，后轮还在飞速旋转，似乎想以此摆脱困境。汽车的狂怒似乎让情况愈加恶化了。

"停！停！"埃托尔看到旋转的轮子抛出许多泥，大喊起来，"我们越陷越深了。"

引擎停下了，我们静静地站了一会儿，检查汽车的情况，思索解救它的最佳方式。车左侧已经陷得太深，车轴和汽油箱都触到地了。怎么办？靠我们三个人，怎么才能挪动这重达2000千克的汽车？我们又试着启动了引擎，用全力推车：一点也没有用。就算我们留在张

蒙古牧民们赶来援助博盖塞亲王一行

家口的那些苦力们在，大概也不够。现在最迫切的事是把车已经陷下去的部分抬起来，因为它已经完全歪向了一边，全部重量都压在后轮和弹簧上，很可能会把其中之一弄断。埃托尔想用操纵杆，但操纵杆已经陷进了柔软的泥里。要想将操纵杆举起来，需要一些木板，所以我们从车厢地板取下几块：木板吱嘎作响，断裂，最后也陷下去了。这时我们想到一个办法——我们可以将车轮周围的地面挖下去，使地面比车低，形成一个斜面，这样车就可以自己轻松地爬上来了。于是我们开始用铲子挖地，一个人累了再换另一个人。

一阵紧张沉默的劳作之后，我们惊恐地发现，我们正在给车掘墓。在车轮周围挖得越宽，下沉得越多。让车轮站立的是泥土的侧压力，而不是坚实的地面，而我们正在努力破坏侧压力。严格地说，车轮下陷的地方并没有地面。沼泽柔软而潮湿，其实就是一摊泥浆，表面结了一层硬壳，两个车轮碾碎了这层硬壳。这就是我们所处的境况。

与此同时，车轮由于受力太重，其上缘已经触到了车身，不时发出可怕的断裂声。我在心里向那位医官的夫人道歉，听她讲那段经历的时候，我曾是如此怀疑。现在我们距离她的马车下陷的地方大概没多远，而马车的重量不及汽车的十分之一。

我们告诉自己，库伦很近，走路一个多小时就到，三个小时之内，我们中的一个人就可以带着帮手回来，还有很多木板、马匹……但我们无法下定决心去寻求帮助。这关乎自尊——一个正当的缺点。我们想象其中一个人走路回到银行，气喘吁吁，浑身是泥——主人惊讶的表情，我们陷落的故事，承认无能为力，慷慨地提供援助，人们来观看这战败的汽车——这曾在库伦招摇过市的汽车。我们想象着这一切，这会给我们带来怎样的羞辱。不，不，我们一定要走出眼下的困境，不能向库伦求助。一艘搁浅的船，其船长在升起遇险的信号之前，尽己所能地解救它。我们也有同样的自尊。

"要是有些木梁就好了。"我们互相看看，似乎木梁会从地里冒出来。

"啊，四块铁挡泥板！"

一个蒙古人带领的牛车队，从离我们几百码的山坡经过，往库伦的方向走去。车队走得很慢，我们正全神贯注于无益的劳作中，没有注意到。但当我们一看到，不用说话，仅凭一个眼神就彼此心意相通了，马上向那长长的车队奔去。车队正在运木梁，是细细的松树树干，无疑是为了修建圣城传统的木栅栏。

几块银币就让蒙古人同意把木梁卖给我们了。而且，他们肯定明白我们过来的原因，他们一定已经遇到过类似的情形。我们每人肩上扛了一根木梁，蒙古人也是，一起向汽车跑去。然后，我们试了好几次，将松树树干摆成各种方式，终于找到了一种操纵杆装置，将我们从这次和以后所有类似困境中解救出来。

这种装置非常简单。想象一个两层的操纵杆，一端的阻力点是另一个同样结构的操纵杆的支点，就在下陷的轮毂上着力。如果木梁很长，使用这种杠杆，两个人就足够抬起一辆汽车了。如果有四五个人，只用一个操纵杆就可以了。这些好心的蒙古人跟我们一起，用这种方式慢慢把汽车抬起来，小心地用从附近沟渠找来的石头填补车轮造成的洼地。每停顿一次，汽车就将这些石头压进泥里，压了很多石头之后，它终于站在了坚硬的石基上。

忙活了两个半小时之后，四个车轮都与地面齐平了。现在只需将汽车往回拉出这危险之地。我们拿出绳子，紧紧地系在底座上——我们想起了过长城的时候——开始全力以赴地拉车。但沉重的汽车纹丝不动，牢牢地嵌在石头和土地之间。我们不敢发动引擎，担心它突然的冲击会让汽车再次下陷。

"嗨，那边有牛！那些大公牛！"博盖塞亲王喊。

最好的办法往往是最简单的。五分钟之后，汽车就套上了三头牛。同时周围聚集起了更多的人：一些牧民跑过来看看在他们的草原上发生了什么不寻常的事，一些喇嘛从附近山上白墙的圣殿中赶来，还有一些女人从遥远的蒙古包过来。在尖头棒和鞭子的驱赶下，牛奋力拉车，但没有什么成效。于是车队的人和我们都抓住绳子，跟牛一起拉车……后来，牧民、喇嘛、女人们，所有人都过来帮忙：绳子有一处空闲的地方，就会伸来一只手。汽车终于决定跟我们走上得救的道路。最后，汽车又站在了坚硬的地面上，所有的手马上伸到我们面前，摊开着，准备收取丰厚报酬，其中一个人会讲一点俄语。

"去往恰克图的路怎么走？"博盖塞亲王问他。

"有两条路通往恰克图。一条翻过大山，一条穿过平原。平原上的路好。"

"你能给我们指一下那条好路吗？"

"就是这条，我们站着的这条。"

"那请指一下差路吧。"

他给我们指了路。我们做完准备工作，将绳子、木板、工具都放好之后，就向那个方向出发了，这自然令所有费力帮助我们解救汽车的人们大吃一惊。他们没看到我们到这里，可能以为这是个奇怪的弹药车，拉车的马大概在远处。引擎运作的声音把他们吓得向后退去，汽车发动又使他们笑了起来。他们克制不住地捧腹大笑，就像我们在去库伦的路上遇到的其他蒙古人一样。事实上，汽车经常令那些简单无知的人们高兴：只有知道情况的人才会赞赏。

道路沿峡谷延伸，蜿蜒上山，时而岩石嶙峋，时而山势险峻，即便马车能走，也会非常艰辛。我们缓慢地、小心翼翼地前行，但想到被我们放弃的那条路，还是觉得这条更好一些。

"至少这里不会陷下去。"我们经常这样说着。当时晴空万里，是个非常美好的早晨。我们路过长满鲜花的草地，路过小片白桦林，肺里满是西伯利亚春季凉爽的空气，心情别提有多舒畅了。时间一点点过去，所经之处相似但并不单调。经历了沼泽遇险之后，一切都变得轻松、简单，我们变得很有耐心。如果迷路，如果需要按照地图上并不清楚的标志来走，我们也心满意足。"这总比陷下去好。"我们自我安慰着，从沼泽脱险的经历让我们有了更多美德。

狂怒的"怪兽"

汽车轻松地爬过了最陡峭的上坡路。10点，我们在一座高高的山顶停了下来，欣赏美丽的风景。身后是和缓、破碎的下坡路，绿色的山坡一直延伸到图勒河蓝色的、亮闪闪的宽阔河谷。这里看不到库伦，它被层层山峦挡住了。然而，一座白塔在阳光的映照下闪闪发光，似乎是为了向虔诚的教徒标明其所在之处，让那充满渴望的目光找到活佛神圣的居所。一些看上去像士兵的蒙古骑手，从马鞍上跳下来，也向库伦的方向望去。我们的到来让他们的马焦躁不安，打扰了他们的远眺。现在开始加速。

每一枚勋章都有其背面，那座山向我们展示了景色美好的正面，现在却显示出其糟糕的背面。下山的路非常险峻，似乎从山顶直冲下山底。路上还有很多岩石、火石，稍微向左倾斜，左侧有一道深邃的山沟。开车的是埃托尔，他突然拉下两个最有力的车闸，抬起离合器。车在石路上拖行了几码，主动轮几乎静止了，最后撞到两块大石头上停住了。然后，他慢慢松开刹车，但汽车一动不动。

"咱们得把车轮前面的石头搬走。"埃托尔说。

亲王和我下车搬石头，但石头牢牢地嵌在土里，我们搬不动。

"没关系，"埃托尔说，"稍微推一下车，我就可以从石头上开过去。"

话音刚落，我们就推了一下车，他又踩下离合器，这个动作差点酿成一场大祸。斜坡太陡了，越过障碍之后，汽车一跃而下，脚刹也没有用了，埃托尔马上拉起更有力的手刹，但汽车已经超速了。

汽车占了上风。它猛烈地从岩石上开过去，每震动一次都从地面跳起来，看上去像是蹦蹦跳跳地下了山。有时只靠后轮站起来，就像一匹怕生的马前足腾空，然后又砰的一声落下来。它摇摇摆摆地向前猛冲，不停地向左

向右翻转，行李松开了，能听到铁片不祥的声音——金属共振声。

博盖塞亲王紧紧抓住这狂怒的怪兽，被猛烈地左摇右晃。埃托尔发动汽车的时候，他就在车的一旁，一看到它不受控制地冲出去，他就马上抓住了车的后部。他不顾一切地想救汽车，阻止它往下冲，尽管没起什么作用。他看到了危险，使出浑身解数，本能地与无可避免的灾难抗争。

"刹车！刹车！"他大喊。

不能把汽车拖回来，至少可以陪伴它。他决不放弃。他牢牢地抓住车身，承受着跳跃和猛冲。埃托尔静静地坐着，俯身在方向盘上，聚精会神地等待时机重新掌控汽车。他赢了。我说过，这条路稍微向左倾斜。在一处明显倾斜的地方，埃托尔突然向右转，轧过了一些大石块。汽车又跳了起来，但速度放慢了。几分钟后，它就被驯服了，温顺地往山下跑，听命于司机。

汽车只逃跑了不到20秒，但对我们而言似乎无休无止。我跟在后面，一边跑，一边不知所以地喊："停！停！"似乎其他人最大的愿望不是停下来似的！到了山坡底下，我追上了汽车，它静静地站在那里，发出燃油的气味和油炸锅似的噼啪声。

"这次我们真是九死一生。"埃托尔从座位上跳下来，擦着额头，说。"我不知道我们是怎么到了这里。真是奇迹！"然后，笑着转向我："你看到它突然动了吗？"

"我也觉得！刚才好像一切都要毁了。"

"是啊。有一瞬间我也以为什么都没有了。我以为——现在我们完了。"

"什么时候？"

"你注意到没有,下到一半的时候,我稍微转向了右边?"

"注意到了。"

"就是那时。我对自己说,现在你要么得救,要么就粉身碎骨了。"

"这次是'得救'了,刹车坏了吗?"

"刹车正常,但它们要保持状态良好的话,就得上很多润滑油,因此不能马上起作用。刹车打滑了。在路上跑的话它们绝对没问题,但这也能叫路吗?我们'走'遍了阿尔卑斯山所有的路,是吧,亲王?从没遇到过这样的情况。"

亲王微笑着,向上回望以如此不寻常的方式走过的路。他似乎在全神贯注地将它刻进记忆。经历危难之后,人们通常很欢喜。他停下来,说:

"我们出发吧,天色不早了,我想今晚在友鲁河岸露营。"

我们小心地检查了一遍汽车,没有什么损伤。我们把行李重新打包捆好,各就各位,高速前行。

"听说,"博盖塞亲王开玩笑地对我说,"如果你在一天之内遭遇两次不幸,一定还会有第三次。"

"我们要为第三次做好准备吗?"我笑着问,似乎对第三次不幸,我们都很蔑视。让它来吧,如果有的话!这些经历使我们感到变强了。现在,我们已经知道了山上和平原上的危险,还有什么好害怕的呢?

然而我们错了,很快我们就会知道。

第三次不幸果然来了。

十、去往恰克图

第三次事故

库伦和恰克图之间的路——也就是商队所走的路线，穿过哈拉河和友鲁河间的一系列山峦，这两条河流都自东向西注入色楞格河的最大支流鄂尔浑河。这些山依哈拉河命名为哈拉山，在地图上也写作艾格尔山，非常陡峭。这条路跟我们听说的一样艰险，因此我们决定避开。

我们打算绕着这出了名险恶的山，向鄂尔浑河河谷前行。一连好几个小时，我们都没有向导，只能依照常识，在纵横交错的小路上穿行。如果一条路似乎与我们的目的地背道而驰，我们就时不时换条路走，有时甚至根本没有路，我们穿过山峦、平原和峡谷。有好几次，一条路走着走着就引向不可征服的障碍，我们只能耐心地回到上一个岔路口。我们询问牧民和商队，但他们的回答也往往没有把握，他们大部分都往北指。恰克图是在北边，除了往那个方向走，他们也不知道更好的路。

我们不信任废弃的小路，经常从车上下来检查我们选的路是新的还是旧的。与明显废弃的路相比，我们会选择没有人走的地方，因为这些路一定是出于某种严重的原因才被废弃的。废弃警示着危险。实际上，我们步行去探查废弃的小路时，往往会发现，地面曾被洪水淹过，或被水流冲出了宽缝。有时新的交通痕迹在前面突然断掉了，仔细检查一下，就会在草丛中发现一道痕迹，我们就顺着这条痕迹走。我们获益于那些未曾谋面的牧民和商队的经验，几天前走过这些地方的人们，现在在离此不知多远的地方，为我们当向导，好像他们就走在我们前面似的。

下午两点，我们来到了一片布满绿树和高草的平原。乍看之下，我们没注意到这些都是水生植物，但估计哈拉河应该没多远，前面是艾格尔山系的前锋。突然我们发现，这条路似乎废弃了，还没来得及说话，汽车就猛然停下陷了下去。它闯进了混浊的泥浆，泥浆的表面被太阳晒干了，看上去跟坚硬的地面没有两样。这次汽车是向右翻。

我们跳下车来，马上发现了一个奇怪的现象，严重打击了我们的勇气。脚下的土地正在起伏，就像走在流动的软木上。路面并没有断裂，而是在脚的压力下下陷，一旦压力消失，马上又会升起来。每走一步，都能感受到水流在漫延。地面给人的感觉就像一片宽广的天然橡胶。很显然在稀薄的表面底下，是充满水的深潭，这就是个泥浆的深渊。我们想试试有多深，用铲柄探了探，铲柄却像进了鞘一样滑了下去。看着它被吸进去，我们感到一阵恐惧。如果我们不能马上把车救出来，这片泥潭一定会把它吞没。

我们环顾四周，没有别人，炎热而寂静的平原荒无人烟。我们开始干活，但总觉得在做无用功。我们在履行职责，不会不战而降，准备好拼尽全力为汽车的存活而战，但我们没有获胜的希望，就像为心爱的女子而徒劳斗争。我们更像是在欺骗自己，给自己有用的幻想。我们知道，单凭我们三人，什么都做不了。附近没有城镇，不然我们就可以跑去求助，可以去找来工人或机器。

"要是能找到一匹马！"博盖塞亲王说，"要是能找到一匹马，我就可以骑去库伦。今晚应该就能到，明天傍晚就能带着些人回来。"

那也太晚了！到明天傍晚，车肯定被吞没了。

"这下到此为止了！"博盖塞亲王不时地说，即便是他，这个从未失去勇气的人，现在也这么说。"到此为止了。今天早上我们第一次陷下去的时候，我确信我们能脱身，可是现在……"

我们已经各自在想象了，想象漫长的回程，肩上扛着行李，徒步翻越哈拉山，走回恰克图，沉默不语，就像战俘，满是战败的回忆。

操纵杆也没起什么作用，它们也陷入泥浆，新一层稀薄坚硬的表层仍然支撑着汽车。它依然在缓慢下陷，无可抗拒。

右后轮的轮毂是第一个消失的。车轴、汽油箱、差速箱，每时每刻都在泥里陷得更深。我们刚停下来时，踏板距地面有12英寸多，几分钟后，就被泥浆吞没了，汽车正明显地消失。我们似乎已经准备好心碎了，就像一个遇难的人在岸边看着自己的船做死亡前的挣扎。我们发狂地减轻车身重量，卸下行李，取下工具箱、供应品、备用轮胎，在草丛上扔了一堆。没什么可做的了，我们站在那看着，一动不动，固执地思考解决办法。

"咱们喝杯茶吧。"博盖塞亲王说，打破了长久的沉默。

这句话几乎就是放弃的信号，现在喝茶就意味着离开我们的汽车，不再为救它而做无用功。

旁边有一条小溪，我们从溪中取水，在焊灯上烧开，用炖锅煮茶，再倒进茶杯里。

我们穿着脏兮兮的衬衫躺在地上，慢慢地啜饮，啃着饼干，什么都不想。我们已经没有吃午餐的习惯了。行程中我们从未决定停下来吃饭，只有一个愿望，就是抵达下一个停歇地点，这激励着我们不浪费一点时间。现在，我们有充足的时间填饱肚子。

我们决定了接下来要做的事，其中一个人要留下来，在汽车附近露营，另外两个人回到库伦，找人、木材、马匹，尽可能快地赶回来。我们没想过会有车队经过，因为我们正身处废弃的路上。

蒙古人与布里亚特人之间

但是，看啊，突然，视野中出现了一个车队，就在远处的高草间！那是一排马车，马上有俄罗斯马具特有的木拱。那是一队俄罗斯的运货马车。

"俄罗斯人，那边有俄罗斯人！"我大

喊，飞快地向他们跑去，跳过灌木丛，时不时陷进泥里，向他们大声呼喊，猛烈地挥舞手臂吸引他们的注意。

当时，那些俄罗斯人对我们而言几乎就像同胞一样。在蒙古腹地，我们觉得跟他们完全是同类。他们出现在这里，就是来拯救我们的。走近后我才发现，俄罗斯马车里的人的确穿着俄式服装，但却带着蒙古风格。他们是布里亚特人。我面对的是一个"长途跋涉"的布里亚特部落，其中有女人和孩子。他们的首领在前面骑着马，穿着一件红色马甲，戴着蒙古式帽子。他的表情真令我担心。我请他跟着我走，他命令部落停下，跟我过来了。

他会说一点俄语。他看了看汽车，问：

"这有多重？"

"120磅。如果你们能把它拉出来，我们会给你们丰厚的报酬。能不能做？"

这位布里亚特首领想了一会儿，答道：

"行，我们能做。"

"很好。把你的人和马带过来。"

他回到车队，让他们走近了几百码。然后，女人们下了车，拿一些燃料生起火，但马仍然套着马具，没有人过来。半小时后，首领独自回来了。

"那个，"亲王说，"你们在干什么？什么时候开工？"

那个布里亚特人一点也不紧张。他问：

"你们能付50卢布吗？"

"你们把汽车拉出来，我就给你50卢布。"

那个人又走回去。马解下来了，但人仍然待在马车旁，现场看上去有些古怪。

这时，几个蒙古人过来了，天知道他们从哪来的。他们秃鹫般犀利的眼睛从远处看到这奇怪的东西遇到了困难，于是过来看看。很快，一群人把我们围住，他们观望着，交谈着。那个布里亚特人可能对此很好奇，第三次走近我们，还是只有他一个人。博盖塞亲王又问：

"你们什么时候开工？你要50卢布，我就给你50卢布，但要快一点。把你的人带过来。"

首领摇摇头。

"你要更多钱？"亲王问。

"不是。"

"那你在做什么？"

"办不到。这活干不了。"

然后他就走了。

他们为什么不试一下？还有，他已经发现这项任务不可能完成，为什么不带着车队离开，而是仍然在附近扎营？为什么他们已经扎下营了，还把马解下来，似乎希望使它们严阵以待？想到这些，我怀疑这些布里亚特人正在计划什么对我们不利的事。我们无处可走，他们知道这一点，我们又飞不了。那个50卢布的要求，是否只是为了看看我们有没有钱，从我们的慷慨来判断我们大概有多少钱？布里亚特人人多势众，而我们只有三人。蒙古草原可以提供荫蔽，这里没有法律，只有传统和武力。

一旁观看的蒙古人明白了一件事，那就是我们以钱换取帮助，"卢布"一词的流通范围远比硬币要广。他们马上开始干活，试图靠手臂的力量把汽车拉上来，这友好的行为重新激起了我们的斗志。需要木梁，我不知道我们的手势获得了怎样的魔力，但这比比画画的确让他们看懂了"木板"。我们的三位新朋友跨上马疾驶而去，半小时后，鞍头后拖着长长的薄板回来了。我们真想给他们一个拥抱。

现在，我们激情满怀地开始干活。为了再

减轻汽车重量，我们卸下车身，在蒙古朋友的帮助下，把它放到草地上。我们用木板搭起了简易的起重装置。我们小心翼翼地操作着，因为地面可能因装置的压力而下陷，而且这些木板太老旧了，吱嘎作响，似乎一不小心就会断掉，汽车一点一点地开始上升。我们用一柄小斧子把其中一块木板劈成了木块，然后把这些厚厚的木块垫在车轮底下。这工作进展缓慢，需要很大的耐心。我们花了三小时把汽车抬得够高，可以离开车辙。然后，把绳子拴在车架后面，一起努力把车拖走。然而一切都是徒劳。

能不能带来一些牛？我们比画明白木板之后，比画牛就很简单了，很快，我们就有了一群牛，它们大概在几英里外吃草。绳子不够长，只能容得下四头牛。这四头可怜的牲畜拉啊拉，车也没动弹多少。然而我们发现，如果这些牛可以同时用力，一定能拉得动。它们现在是一个接一个地发力，怎么能让它们明白团结合作的重要性呢？我们想到了一个绝佳的办法：发动引擎！

果然奏效。这突然的声响吓坏了四头牛，它们蹄子紧蹬地面，牛角低下，吼叫着，同时发力拉车，汽车摇动了。埃托尔爬上了汽车，踩下油门，引擎发出震耳欲聋的轰响。四头牛拼命拉车，突然，汽车跳出了车辙。我们欢喜万分。

很快，我们就把车身安了回去。行李、备用轮胎、供应品、工具，都欢快地放了回去。半小时后，我们就可以出发了。我们慷慨地付给蒙古人一大笔卢布，他们欢呼着收下了。这时，那位布里亚特首领走过来，也伸出了手。博盖塞亲王微笑着对他说：

"没干活，没有钱。"

那个布里亚特人阴沉着脸收回手，回道：

"我不需要你的钱。"

他还说了些话，我们听不懂。之后，他骑上马，向部落示意继续上路。长长的车队继续前行，很快就消失在远方。

我们向这些蒙古人问路。其中一个人骑着马，让我们跟着他走。其他人护送我们，满是淳朴的快乐。他们情绪高昂地围着我们骑马奔驰，高呼着，大笑着。其中几匹马上骑着两个人，就像我们在库伦总督卫队中看到的那样。我们的向导则一本正经地履行着职责。

我们像在走迷宫，不时绕过污浊的池塘，在高高的灌木和一簇簇鸢尾花中穿行，平原广阔而荒凉，沼泽遍布。太阳正在下山，从地面升起了一层薄雾，为景色平添了一种难以言说的忧伤。

出了平原，奇怪的卫队与我们分道扬镳，四散离去。向导为我们指了路，告诉我们，如果想避开山峦该往哪走，之后就与我们道别了。他的马累得直抖，天色已晚，他向我们致意，谢谢我们给他的酬劳，然后就在草间躺下了。

我们继续前行。引擎和我们自己都很需要水，在找到水之前我们不会停下。我们希望哈拉河能跳入眼帘，一直焦急地往前看。路上每遇到一个低洼之处，每看到一个草木茂盛之地，我们就说："那边一定有河。"但每次都落个空，我们继续寻找，不断产生新的希望，又次次都变成失望。

夜间比赛

月亮升上来了。我们没有灯，这下终于有灯了，但它并不是为照明而升的。四周是

由于光靠人力不能把车从泥沼中拉出来，所以牧民们拉来了牛

已经拆得光光的伊塔拉车终于被牛从泥沼中拉了出来

去往恰克图

汽车被拉出泥沼后又重新组装了起来

对我们汽车表示好奇的一个蒙古家庭

巍峨的高山，我们沿狭窄的峡谷时上时下，路被草丛遮蔽，几乎分辨不出。我们瞪大眼睛看路，担心走错。眼睛累了，在月亮幽灵似的光线下，一切都变得有些可怕又多变。山峦的轮廓，峡谷的暗影，路旁的灌木，奇形怪状的，有时没认出来，就会吓我们一跳。周围的东西都像在古怪地变幻，静悄悄地溜走。那些夜晚在不熟悉的荒芜之地赶路的人，一定都见过这些奇怪的变化。白天再回来，发现它们与夜晚截然不同，就会大吃一惊。好像地球习惯于趁着夜色度过属于它自己的奇特生活，所有我们想象中的绝妙的、不可能的、荒诞的事物都在夜里出现，在阴影中发生。夜色中没有两个人见过同样的景色，每个人眼中都是属于自己的景色。

在那个难忘的夜晚，我们每个人都看到了一些别人看不到的东西：河流、房屋、静立不动的人，都随着我们前行而消失。地面看上去很适合车行，但我们时不时听到车轮下传出咔嚓咔嚓的声音，这声音减弱一点，引擎就开始轰鸣。然后，我们开始全速前进，以免陷入沙地。有一次，我们真的看到有什么活的东西在动：那是骆驼。两个人站在路边，他们突然转过身来，就没有别的举动了。我们真希望可以看到，这庞大的黑色幽灵叫吼着出现时他们脸上的表情。

"几点了？"亲王问，他的表坏了。

我小心地划着火柴，看了看我的。

"9点。"

从凌晨4点，我们就上路了，到现在已经连续开了17个小时，一直处于紧张疲累之中。我们累极了，但离哈拉河还有很远。我们不可能错过它，因为它的河道刚好与我们的道路相交。

月亮开始向天际落下了，繁星满天，我已经完全看不见路了。埃托尔仍然坚定不移地开着车，似乎行进在最好的乡间道路上，令我十分钦佩。

"有灯光，有灯光！"远处突然闪现一点光亮，我们大喊起来。

"一定是在河岸露营的火光。"亲王说。

我们重新鼓起了勇气，但几分钟后，灯光就完全消失了。我们还记得初次见到时灯光所在的位置，于是焦急地在黑暗中查看那片地方。几分钟后，我们终于到达了那里，发现那是一小片蒙古包。我们停下车，围上来几条狗，汪汪叫着。一个蒙古包中亮起了灯，一个人影出现在门口。我们跟他要一些水，他把他所有的水从一个陶罐里倒给了我们。这水冒着热气，油腻腻脏兮兮的，还沉淀了很多泥土。我们问他最近的泉水在哪儿，他指向路对面，做了一个动作，意思是"非常近"。我们示意他带我们去，但他拒绝了，他怕我们。

我们继续前行，来到一片草地，决定在这里露宿。埃托尔搭帐篷的时候，亲王和我去找泉水。亲王带着桶，我带着铲子。桶是为了装水，铲子是为了防狗。我担任保护工作，这非常有必要，因为蒙古狗是出了名的凶猛。

月亮也落下去了，整个大地似乎都在灰白色的天空下安睡。我们找了很久，终于找到一条污浊、停滞的小河。尽管我们非常口渴，但水质太差了，根本没法喝。我们回到帐篷，煮了些茶，那真是难以想象的最难喝的茶了。我们沉默地吃了一大罐储备的果酱，喝了这难以下咽的东西（加了很多糖），四肢并用地爬进帐篷。夜晚十分静谧。

我们小心地把所有东西都放在帐篷里面，

埃托尔尽职尽责地把手枪放在触手可及的地方。在草地上尽情地伸展四肢，包裹在暖洋洋的毛皮毯子里，很快，我们就进入了梦乡。

半夜，我被埃托尔的声音吵醒了。他问——

"谁在那儿？"

他用胳膊肘撑起身，去摸毛瑟枪。

我紧张地听着。

然后我听到，在帐篷外面离我们很近的地方，有一声低沉简短的声响，在宁静的夜里非常清晰。

"谁在那儿？"埃托尔又问了一遍，声音略带严厉。

无人应答。一阵风吹过，这声音又响了一下，急速而又轻盈，难以分辨，离我们很近。我们轻轻地、轻轻地掀起帐篷一角向外看……

"我差点就扣扳机了！"埃托尔微笑着说。"谁会想到它能发出这么大的声响！它把我吵醒了！"

那是我们的旗帜，我们小小的意大利旗，挂在汽车上，风一吹过，便轻轻飘扬。

它，似乎有了生命，正看着我们。

穿越友鲁河

我们露营的地方距河只有几英里远，6月24日凌晨，我们轻快地过了河。群山在我们右侧，我们一路向西，穿过一些沼泽遍布的平原，离鄂尔浑河的源头越来越近。如今我们对地上的陷阱十分警惕了，教训惨痛，却很有用。如果对路况没有经过仔细探查、研究、讨论，我们绝不开车过去。危险无处不在，有时突然发觉脚下有隐藏的泥浆起伏，我们胆战心惊地退回来，就像踩到了蜥蜴似的。埃托尔开车慢慢跟着我们，我们对他大声喊："后退！赶快后退！"然后努力去找坚实的地面。

有时根本没有坚实的地面，我们只能原路返回，去找别的路。我们耐着性子，慎之又慎地逃出沼泽地，来到山脚下。这些山位于鄂尔浑河和友鲁河之间，植被稀少，沙砾遍地。

从前一天傍晚，路上随处可见的一些印迹就吸引了我们的注意：一辆马车的轨迹和一位欧洲人的脚印。走过了千百里路，看到的只有中国人的脚印和蒙古人的靴印，这时看到欧洲人的脚印，就像遇到一位友人。这些脚印跟我们方向一致，而且是新近的。有时这些脚印会消失不见。平原上没找到脚印，这时再看到它们，又是欢喜，又是疑惑。我们讨论着：这些脚印是旧的，还是新的？这一定是一小时前留下的，或许还不到一小时。这两行平稳的脚印应该是两个年轻人的，他们可能不是赶马车的，因为西伯利亚的马车车夫一般将蒙古包排成一列，而这两个年轻人却都集中在一辆马车里。马车拉的东西不太重，因为车辙不深。大概装着些比较轻的贵重物品，需要坚固的马车……在我们这样单调乏味的旅程中，很难说什么小事就能勾起好奇心，成为长时间的谈资。微弱的痕迹和生命的声音都能让我们猜测，这是我们唯一的消遣。

下了一个山坡之后，我们赶上了欧洲朋友。这是两个白净、讲究的年轻俄罗斯人，看上去像工人。一位同样年轻的女子怀里抱着孩子，从马车窗帘下看着我们。我们互相说："再见！"这是我们第一次用俄语致意。

鄂尔浑河出现在我们面前，它被很多茂盛

的大树围绕着，在宽广的峡谷中蜿蜒向前，一些牛群在附近吃草。我们从上面靠近，最初我们以为这是友鲁河。然后，道路折向北，下了山坡，把我们引到了另一些小平原，又像前面那样经过探查才通过。穿过友鲁河的支流时，我们先步行涉水，探探河床的情况，找到最适合汽车渡过的地方。一些沉重、艰难的沙地昭示大河就在附近。终于，友鲁河出现了，宽广，清澈，水流湍急。

我们总算到了！可是怎么才能过去呢？只靠汽车的力量能行吗？埃托尔毫不畏惧地走进河里。还没走出一百英尺，河水就已经到他的腰了。他退回来，说——

"我们得找别的过河方式。河底还行，但水会没过磁电机，点火装置就不能用了，我们只能停在河中央。而且，河中心的水流很急，刚才差点把我掀倒。"

我们想编个筏子，可是足以承载汽车的筏子至少需要两层木板，而且得非常大。从哪能找来这么多材料？我们环顾四周，在一丛树林旁边找到了一座老旧的木屋，从外形上看原本是俄式的，外面有一小圈围栏。

"咱们买下这座木屋吧，"我提议，"把它拆了造成筏子。"

"太费时间了，"亲王说，"咱们先试试看能不能找到更快的方法。"

几个蒙古人从木屋中走出来，向我们走来。其中有几个女人，脸旁围着她们常见的奇特发饰，看上去像大象的耳朵。又有一些人骑着马沿洒满阳光的河岸走来。

我们可以找那些载马车过河的渡船，一定有路可以通向栈桥。我们问蒙古人，其中有几个人懂点俄语。

不，不仅没有路，通往山间的河岸还岩石遍布。我们需要沿今天走过的所有路折回，翻过山去——如果能翻得去的话。

还有另一种方法：取出磁电机，把车从这里拖到河对岸。引擎盖着油脂，不会接触到水，除非水能灌进汽缸，我们决定马上试试这个办法。我们告诉蒙古人打算怎么做，需要一些牛。我们会给他们丰厚的报酬，但牛得赶快过来。他们马上出发了，没过多久，就有一群牛不知从哪过来了。赶牛的是两个骑马的人，拿着长长的尖头棒。我们三人一致认为，蒙古人是世界上最文明最礼貌的民族。

第一次涉水

埃托尔躺在车底热沙上脸向上干了很长时间。他从车子底下取出保护引擎的盒子和飞轮，小心翼翼地拧下磁电机的螺丝，将机器最脆弱的部位用浸了油的破布盖住，将磁电机用他自己的夹克衫稳妥地包起来，宣告一切就绪。我们把绳子拴到车上，把牛拴在绳子上，然后开启了最为奇特的牵引导航。我们在水里走了300码，所有蒙古人都跟牛和车一起进了河里，有些步行，有些骑马，每匹马上坐两三个人。连那些女人都骑在马上，加入了航程。亲王骑在一匹马上，走在汽车左侧。我骑着另一匹马，忙着举起相机，以免溅到水。一个人突然坐在了我的马鞍上。他是个蒙古人，对他而言这再自然不过了。他信任地勾住我肩膀，大笑着，我们就这样亲如兄弟般地到了对岸。

走到河中间时，车轮已经完全没在水里，水流汩汩地流过车底。牛群有些摇晃，似乎被

在友鲁河畔遇到的蒙古妇女

伊塔拉车涉水穿过友鲁河的一条支流

怎样才能让汽车渡过河去呢?

去往恰克图

湍急的水流推得偏离了路线。人们喊着,挥起尖头棒,牛群又重新有了力量。几分钟后,我们就看到了难得一见的汽车出浴景象,湿答答地流着水,身后留下一道长长的水迹。从我们离开一侧河岸,到抵达另一侧河岸,两个半小时过去了——300码花了这么长时间!

一小时后,我们准备好向蒙古的最后领地前行。我们告诉这些好心的蒙古人,后面还有像我们这样的车,然后就出发了。我们离开后,蒙古人似乎因怎么分钱起了纠纷。如果我们不知道蒙古人害怕流血,我们可能会以为有流血冲突。他们的宗教禁止流血,他们遵守教义。他们想向敌人复仇的时候,会勒死他。

我们迅速前行,期待穿过俄罗斯边界。不知道为什么,我们觉得到了边界的另一边,旅程上的艰险就会结束。事实上,我们有个美好的错觉,似乎那边的路程只剩下一系列步行大道。或许,我们之所以产生这样的错觉,是因为地图上,恰克图后面的路是由两条线标示的,而不是一条线。这不证明前方会有大变化吗?这两条线令我们精神振奋,我们时不时摊开地图,只为了看着这些线,提前品尝每小时40英里不间断开车的喜悦。

渡过友鲁河大约25英里,我们进入了壮观的松树林。从晒得滚烫的光秃秃的地面进入森林覆盖的土地,突然就变了。几分钟后,我们就觉得好像离中国十分遥远了,事实上,我们还行进在中国的土地上。我们的情绪变得激动、亢奋,仿佛此生没见过森林。大树底下长满了苔藓,我们闻着树脂的芳香。这片绿色让人想停下来,坐在某棵朽败的老树上,享受阴凉。

"真漂亮!"我们不停地说。

"就像个公园。"

回想起来,那片原野并非美得让人无法抗拒,但它给了我们极大的欢乐。博格达乌拉

我们涉水渡过了友鲁河

山上有森林，但很遥远。现在森林就在我们四周，如果你从沙漠中来，就会感到状态迥异。路面有些沙子，不时有些隆起，但还算好走。然而，几个小时后，天气变了，把森林变得几乎无法忍受。天空乌云密布。太阳藏起来的时候，森林也状况不佳，阴影层层叠叠，连成一片，令人感到压抑，就像暮色降临。

走出松树林，眼前视野开阔，北方阴雨云正在聚集。与那遥远的颜色越来越深、越来越吓人的阴云相对应的地面上，蒸腾的水汽形成了一道斑纹。这道斑纹像火冒出的烟一样迅速扩散。空气凝滞。我们来到一片沙地，一支马车商队在驻扎着。我们停了车，因为储液器中的汽油用完了，得从罐子里倒过去一些。突然，空气不再静止，一阵强风呼啸而过。那是飓风的前奏，几分钟后，飓风就会狂扫过平原，扬起漫天沙尘，像气旋一样，风向转变，黑暗笼罩着我们。

我们以这种方式与蒙古告别，我们正在见证一个在这些省份十分常见的现象——沙尘暴。我们身处涡旋中心，它撼动着汽车，我们低伏在车里。沙尘像液体一样在地上流淌，形成黄色的河流，零零落落地堆成堆，像旋涡一样升起来。但是，沙尘暴最大的怒火只持续了几分钟，半小时后，风就完全停下了，就像来时一般突然。我们看着它往远处而去，就像看着云影扫过地面。

恰克图

恰克图应该不太远。现在是下午4点30分。我们想赶在夜幕降临前，去海关办完手续，这样就可以睡在俄罗斯的土地上了。我们想快走，但路把我们引向沙丘，车轮陷进了沙里。沙子松软，而且成堆成堆的，摩擦力越来越大。主动轮开始空转，引擎气喘吁吁，开始变热，蒸汽嘶嘶地从散热器里冒出来。我们急需水，因担心机器堵塞或有些部位熔化，我们让引擎休息很长时间。汽车冒出大量热气，每次我们都等到它再次变凉。这期间我们用铲子清理路面，将沙子尽可能清得远远的，直到露出坚硬的地面，然后重新上路。我们推车，帮它前进，似乎是一寸一寸前进的：一小时才走了半里地。最后，我们终于到了一个陡坡顶上，恰克图就在下面半路上。它离我们不到两英里，藏在一个避风的山谷里，所以我们从未看到过，她似乎孤傲地远离俗世。

恰克图的确给我们留下了壮丽宏伟的印象，东西看上去都大得多。第一次看到那个西伯利亚城镇，就像身处美梦之中。尖塔，有窗户的白房子，有烟囱管帽的房顶，有高高的烟囱的工厂：这些最为神奇、美妙的东西，这些熟悉的轮廓令我们大吃一惊，似乎欧洲来到蒙古门前迎接我们。总算到了！我们又高兴又自豪，凝视着这个城市，绿树间透出白色，如此壮美，有种征服了它的自豪感。我们焦急地看着，每看到一次就感到一阵惊喜，它的出现就像个意外发现。

从那时起，恰克图这个词就深深地印在了埃托尔的脑子里，跟张家口一样可以代指俄罗斯东部的所有城市。

恰克图的这一侧有一些低矮错落的小房子，这是买卖城，最后一个中国城镇。库伦有三个城，恰克图有两个。在中俄边境，买卖城的小房子与斯拉夫建筑形成映照，似乎在抵抗入侵。这里的俄国城和中国城不像库伦那样彼此有一定距离，在这里，它们紧挨着，似乎在互相推挤，一步一步地争夺之间的地盘。中立地带只有几英尺宽，一片小小的"灰绿色"上树着高高的柱子，标示出国界，像哨兵一样。这两个城离得这么近，却并不亲密。一边是最为典型的中国生活，另一边是典型的俄国生活。一个应该立在伏尔加河岸的城市，与一个应该立在扬子江边的城市连接在一起。

在买卖城，最令我们吃惊的正是与中国城市的典型特点不期而遇。与直隶的城镇相比，这个地方与湖北的城镇更为相像：这更像个中国南方城镇，不像北方城镇。事实上，居民全都来自汉口，来自中国腹地，他们来自茶园，也是因茶才来到这里，恰克图和买卖城只因茶叶贸易而存在。伴着长长的驼队，茶叶源源不断地流过沙漠，或者说，曾经源源不断地流过。到恰克图来取茶，在买卖城交易。数百年来，这个地方都是全世界最大的贸易中心。茶叶贸易将汉口到莫斯科沿线都带得富裕起来，跨越了两个大洲，是两个民族最有价值的收入来源。这两个民族一直占据这些荒僻的原野，买卖城和恰克图就是中国人和俄罗斯人做生意的地方。

买卖城的居民将他们全部的风俗品位都带来了。房屋外墙都很粗糙，光秃秃、灰不溜秋的，因为中国人从不把财富向路人展示。但从敞开的大门，我们可以看到里面宽敞明亮的庭院。在隔开陌生人视线的影壁和柱子上，画着色彩明快的蟠龙瑞兽、奇特姿势的人群、传统纹样的凤凰，还写着漂亮的汉字，祝愿主人"长寿""好运"，所有这些图画和文字都担负着趋利避害的职责。大量装饰和符号是中国大部分地方都有的特点，尤其是黄河以南的地方，那里北方的游牧民族还没有影响到。

我们的到来给买卖城的人们留下了深刻印象。我们从沙丘上下来时，他们就看到我们了，如今都跑到路上来迎接。很快，面前就站了很多中国人，身穿蓝色长衫，手里摇着扇子，其中没有一个女人。这是买卖城的一个独到之处，一个有数千居民的城市，一个女人都没有。我不知道这是不是因为与俄罗斯的协定中有某项条款，因为俄国担心东部边境的黄种人太多，或是中国人自己的决定，他们不喜欢在远离家乡的地方定居，依据传统宗教信仰，担心死后魂魄会流离失所。无论如何，买卖城成了只有男人的城市，与此完全相反的是离买卖城三里地的一个小村庄，那里住的都是女人。

一个年轻的中国人示意我们停下来，用英语与我们交谈。他想款待我们，只需要花几分钟，就像从张家口到库伦的他那些同事一般。他是电报局负责人。

"我把你们抵达的消息告诉了恰克图警察首领，"他对我们说，把我们迎进他私人的房间，"这期间你们可以休息一会儿，梳洗一下，吃点东西。"

我们的旅程真是一言难尽。我们的脸上满是灰尘，衣服上有一层厚厚的泥巴，有沼泽的黑泥，哈拉河的黄泥，友鲁河的白泥。现在，我们有热水、凉水、肥皂、梳子、毛巾、刷子，还有雪茄、葡萄酒、牛奶、饼干、果酱。我们用完吃后，面貌焕然一新，心满意足地出发去找警察首领了，他正等着见我们。

不一会儿，我们就出了这天朝大国。

十一、贝加尔湖畔

7月27日，我们乘船横渡色楞格河到左岸去，随后我们将沿着河岸向贝加尔湖挺进。船开到河中央时，我们就对岸上的农民和布利亚特人喊话，请他们抓紧缆绳。西伯利亚地区的马对我们的车有一种磨灭不去的厌恶与恐惧。它们脾性极好，但是，现在这可怜的牲畜竭力想挣脱马嚼，嘶叫声里充满了恐惧。而那些惊诧的农民却目不转睛地盯着我们，听任马儿们折腾。

天气寒冷刺骨。农民们和布利亚特人全都把自己包裹得严严实实。我们折回前天经过的那座桥，向西而行，眼前的一切都显得死气沉沉。那路十分泥泞，汽车后轮胎总是打滑，滑向泥巴路的一边，我们只好尽可能地把车开到草地上。走了一个小时，我们来到一片沼泽地，我宁可眼前是一条大江、一座大山或一座险峰等等。但眼前只是一条约100码宽，貌似稀松平常的路，而其实却是些稠腻的泥巴。车轮在沼泽地中空转，大家都气坏了。我们把车倒回去，好为下一次冲刺做好准备。然而即便踩了刹车板，汽车还是不住地往下滑。后来，我们在车下放了些楔子，但也行不通。我们绞尽脑汁，汽车却只是不停地冒烟，发出怪异的声音。

只要能放晴一个小时，这条路就好走了！但太阳似乎只顾得上沙漠，眷顾这里的是倾盆大雨。后来我们设法把树枝和自己的东西铺在泥巴路上，再让车开过去，这法子也失败了。我们可真是黔驴技穷了，正当我们不知该怎么办时，博盖塞亲王提议说试一下别的路。

沼泽的左边是一片浓密的森林，右边则是一座高峰，山脚下流淌着色楞格河，我们决定取道右边的山峰。车快开到山巅时突然慢了下来，向右倾倒。忽然，车又向左一倒，回到了正道上。我们松了口气，继续我们的旅程。

我们基本上是沿着铁路线前行，有时觉得距离铁路很远，转个弯却又在丛林间看到信号灯，我们经过了一个个关卡。有位老人被汽车的速度吓得愣在原地好久，还有位管理员看到我们时不停地揉眼睛，以为自己在做梦，另一位老人则惊呼：这是什么玩意？然后躲回小屋去了。这些小插曲极为有趣，但有次经历却让我们极为愧疚。一个年轻人跌跌撞撞地跑来开门，并倚在门上把门顶住，而他竟是盲人。他感知得到汽车的神速与威力，却又不知它是何方神圣，脸上满是对不可知事物的恐惧。

我们对泥巴已经习以为常了，路上的牲畜和车轮都溅起泥巴，甩在我们身上和车上。大家都懒得去打理了，我们一个个像是刚完工的泥雕，互相取笑对方。寒风不断吹来，我觉

穿越色楞格河

在西伯利亚最早见到的村庄

打捞汽车：用绳索把伊塔拉车跟临近的树捆在一起，以防它掉到河里去

得身体很沉，脚像灌了铅一样。然而我告诉自己，前方会有夏天的。幸好下午一两点时，雨停了，天空洒下了几缕阳光，我们这才觉得舒服一点。

铁路建设起来以后，西伯利亚地区的许多道路就被遗弃了，这些地区也恢复了之前最原始的面貌。眼前是倒卧的树干，大片的草地和锦簇的花朵。融积水冲出的新水道，嘎吱作响的小桥，这不食人间烟火的美景让人看得惊呆。

我们瞥见山间有座桥梁，这时却听见有人喊叫着让我们停下。原来那座桥已经坍塌，桥下是激流急涧。铁路管理员告知我们必须从山谷里的浅滩涉水过去。正当我们不知从何入手时，迎面来了一个驾四轮马车的哥萨克人。他说河底满是石子，河水有一个车轮高。于是，我们花钱让他找了六匹马把汽车拉到对岸去。到了对岸，我们便整装上路，向贝加尔湖东岸的密索瓦亚出发。

在大约5点时，我们看到远方泛出的湖光。俄国人向来称贝加尔湖为海，其南北纵横数十英里。我们沿着湖边的道路散步，却发现前面的树林被烧毁了。在西伯利亚，火是树林最大的敌人。

一小时后，我们到达密索瓦亚。这个没落的村庄曾是个人来人往的交通枢纽，但现在四处透露出衰败与腐朽的气息。一到这里，我们就直奔市长办公室，他把从依尔库兹克寄来的汽油和润滑油转交给亲王。市里的大人物都来了，我们成了众人关注的中心。他们不停地审问我们，我们只好把秘密武器——皇家警察局局长的介绍信拿出来了。于是一切怀疑烟消云散，取而代之的是崇敬之情。

我们本打算走陆路穿过贝加尔湖，但情况似乎不甚乐观，人们说一路上的主要桥梁都坍塌了。但我们总觉得一切纯属道听途说，实

我们的汽车因塌桥而被卡在了桥上

际情况需要自己去考察,于是我们按计划隔天清晨出发。贝加尔湖风景明媚,但我们无暇顾盼。汽车在破烂不堪的道路上磕磕碰碰地时停时进,一路上经过的小桥似乎全都摇摇欲坠,但我们都安全地穿越了。只有一次,汽车一过桥,那桥马上就塌了。车又开了3小时后,我们又遇到了密西卡河上的断桥。一个伐木工人告诉我们说这河只能搭渡船才能过得去,但那独木舟是承载不了汽车的,唯一的办法就是修桥。这样的话,我们要等上一周。这问题不大,但前方还有很多断桥,我们总不能一路修桥吧?于是我们想试试取道铁轨。我们在小车站里叫了半天终于来了个警察,我们向他出示了皇家警察局局长的介绍信并告知我们的打算,他拍胸脯说没问题。但在这之后,站长来了。他谨慎多了,要求我们向西伯利亚州长请示。我们别无它法,只好照做,返回密索瓦亚。

我们一回去就给州长发请示电报,然后开始无奈地等待。我想程序将十分烦琐,请示层层上报,无数部门为此开会讨论。然而事实上,俄国当局对我们全程旅行提供了莫大的帮助。

在等待回音期间,我们四处探险,还认识了一位德国药剂师,并与他相处甚欢。此外,我们路过邮局时打听到了我们后续部队的行踪。他们当天早上9点已经到了上乌丁斯克,7月1日或2日可能会到达密索瓦亚。

我们已经等得很不耐烦了。28日下午来了一个犹太商人,说愿意以火车票一半的价格马上送我们到依尔库兹克去,最迟明晚出发。但我们还在等消息,无法答复他。到了半夜,我们被一阵嘈杂声吵醒,原来是邮局特使送电报来了。电报上说:州长现在克拉斯诺亚尔斯克,通行请示兹已呈达。我们感到奇怪为什么特使全副武装。后来才知道这里拦路强盗横行,晚上外出极为危险。

次日,当我们与药剂师朋友吃中饭时,外面来了两个警察找我们。这两个警察给我们带来了州长的批准函,并告诉我们说州长已关照了各个车站为我们安排通行事宜,我们立刻着手为接下来美妙的旅行做准备。

十二、断桥之灾

6月30日下午4点半我们再次驶离密索瓦亚，随车带了两块木板用于临时铺路。

在铁轨上开车一开始似乎只要解决当局批准与否的困难，而现在我们不得不面对许多更实际的问题，如车轮会不会陷在铁轨里，要是我们还在铁轨上时有火车开来怎么办，等等。而所有问题的答案只能是：看着办吧。

我们得在两班火车车次之间抵达60俄里外的坦科伊。坦科伊是个新兴的港口中心，距贝加尔湖仅25英里。博盖塞亲王凭着记忆为伊塔拉牌汽车指点迷津，但车还是只能以每小时5.5英里的速度行进，到了8点我们才到达密西卡河附近的车站，见到了之前的两位朋友。站长对我们漠不关心，站警则热情地提出护送我们前行，于是我只好坐到了行李堆上去，我也因此得到了开阔的视野。车行到铁轨断层处，我们就把木板搭在路上让车开过去。我们的车一开快，整座铁路桥就摇摇欲坠，恐怖极了，因此我们只得慢慢行驶。

我们遇到的第一个巡管员还以为这车是新试行的火车，跑回去拿了个"安全无害"的标牌。汽车开在狭窄、险恶的铁轨上，这对驾驶员的要求极高，要注意力高度集中，心理素质良好，还要抵抗疲劳。

当汽车开过两天前的挡路河时，我们兴奋地沿着河跑了好久。9点15分，我们来到"第16号编排站"。我们采纳了站长的意见改走公道，踏上了一条人迹罕至的小道。之后，我们来到一座构造异样的小桥。我们现在一般凭经验目测一下就决定如何行进，站警坚持下车勘察一下，但我们不以为然，把车开了出去。木板不堪重负断了，桥随之裂成了两半，车身则整个掉进水里。

我是最早掉下来的，刚开始听到声响时还以为车陷进了破洞里。我屈身躲过劈头盖脸砸来的碎木。汽油漏了出来，湿透了我全身。我被夹在行李和木板之间，动不了身子，情况十分危急。然后，埃托尔拉了我一把，把我救了出来。博盖塞亲王那时则抓住了一条横梁。车翻过来时，他就被夹在横梁和汽车引擎之间，连呼吸也很困难。关键时刻，他把汽车往上抬了一下，但却怎么也记不起他是怎么脱身出来的了。他的背上和胸部留下了很深的擦伤，而且左肋骨可能骨折了。埃托尔只有几处擦伤，他一直坐在驾驶座，发现情况不对时就跳了出来。这次事故让我受伤不轻，脊柱疼痛，无法正常行走，脸上还脱了一层皮。但看着那车，我们心里都有一种浴火重生的喜悦。车子本身只有几处磕碰，看起来引擎并无大碍。幸好车开得很慢，车尾还装了个备用轮胎，否则事情

在贝加尔湖畔沿着铁路路轨开车

伊塔拉车在俄国境内过一座小桥时,木桥突然坍塌,汽车倒栽葱地卡在了桥的中央

就没这么简单了。

事故发生后，站警们马上带了一群人来救助。站长指挥20个壮丁用绳索和斧子把我们的车拉上岸来。但埃托尔试了几次，都无法启动引擎，后来发现是汽缸进油，绝缘打不着火了。整装再出发时，站长坚持与我们同行，还带上两个铁路工人。我们只好撇下了站警们，一行人浩浩荡荡地出发。站长坐在副座上发号施令："全速前进！"

我们已经离坦科伊很近了。这时，有辆火车与我们相迎开来，但汽车卡在铁轨里出不来，幸好大家奋力一推，才把车推出了铁轨。

我们的历险早已在坦科伊城里传开，人们夹道欢迎我们。安顿好以后，我们便讨论了接下来该如何走的问题，要么就走铁路，要么就走水路。走水路的话路程就剩下不到25英里，但这条破冰航道是军用航道。我们不过是群陌生人，能得到特许吗？

我们在此期间时有当地要人来访，他们总是问我们有没有被骚扰，当得到否定答案时就如释重负一般。但我想这些官员对农民有些偏见，正如世界对西伯利亚有偏见一样。就像这里的文人所说，西伯利亚是俄罗斯帝国最进步的地方。

某一天，竟有一群意大利人来访。我们闲话家常，畅谈了一番。之后，我们被安排到当地的剧院就寝，警察从旅馆搬了三张床招待我们，剧院门口还安排哨兵站岗以防止我们受"库页岛人"骚扰。

十三、在伊尔库茨克省

我们收到了批准搭乘军舰的电报。军舰很快便驶离坦科伊,我们是船上唯一的乘客,用时仅两小时。在安加拉湖畔下军舰时,又有各种各样的人前来围观,他们还指点我们如何走前方的路,交谈后我们发现他们生活清贫,几乎什么活都干,但他们却对于这种生活方式并不排斥。

之后,我们来到利斯特温切诺伊,正当我们打算继续出发时,有一位年轻妇女挤上来跟我们说话。她还以为我们是法国人,当得知我们来自意大利时,她失落极了。我们只好用给她讲车队故事的方法来安慰她,她重新绽放出笑容,并送了我们一束花。一分钟后,车上便插满了鲜花。

路上,博盖塞亲王再次动用了秘密武器清除"路障"。随后,我们全速前进,一路畅通。但我们下坡时,刹车板却着火了。幸好水箱里有水,我们很就把火灭了。前方我们又碰上了之前那难缠的沼泽地。正当我们深陷其中时,从伊尔库茨克来接我们的车队恰巧经过。

离开伊尔库茨克后不久,我们的汽车又抛锚了

西伯利亚一条最好的道路

有一位叫雷丁奥诺夫的绅士还下车来帮忙,他其实是伊尔库茨克的巨富。在他的豪宅里,他盛情地款待了我们。我们在这里四处游玩、参观,日子十分滋润。自行车俱乐部还为我们接风,我们按照他们的安排,客随主便,到处走走看看。

7月3日,整顿好装备后,车子驶离伊尔库茨克。亲王在车身上喷了"北京—巴黎"字样。另外,车内又多了一位乘客——雷丁奥诺夫先生。出发前,我们得知后续车队现已搭上了来伊尔库茨克的火车。车小心翼翼地开了一段险路后,终于赶上了已经在等候欢送我们的自行车队。

汽车驶在中西伯利亚平原上。眼前的风景旖旎迷人,尽是一马平川,我们飞速前进。雷丁奥诺夫先生起先极为兴奋,还嚷着要买辆同样的车来开,但后来也渐渐平静下来了。车子经过许多村庄,在哥萨克人的村庄,他们总是会在窗台放上一盆花,为这灰暗枯燥的冬天增添一点色彩。他们总是把家里布置得精致而舒适。由于上次的惨痛经历,我们现在过桥时总是心惊胆战的,每次都以最快的速度过桥。有时我们也搭船,而船上的人竟推测我们是日本人,还觉得我们是来刺探的,国家很快又要打仗了。总的来说,人们看到汽车时总是有些滑稽的表现。途中,我们还看到一群建设铁路的犯人向我们脱帽致敬,目送我们远去。

在严寒无比的济马稍稍停留之后我们又上路了。现在正是极昼时期,太阳几乎不下山,却每日暴雨如注。

我们一路道路畅通,但遇到牲口时我们总是慢下来,平息马儿的恐惧。农民们对汽车极为好奇。相比之下,四轮马车厢窄、轮高、体轻,更适应当地的地理环境。

我们在荒郊野外行驶了好久,才来到一个小河谷——村庄的所在地。排屋的两端钉着户

在伊尔库茨克省　　**137**

口公告栏以便收税。奇怪的是，这里的人也都有着军队的作风。原来，这里的村庄本是流放犯人的中途休息地，村子的尽头至今也还保留着那些关押房。尽管一切已经腐朽破败了，但用心聆听，依旧可以听到那哀怨的啜泣。这让我们憋得难受，而那些高桥却让我们萌发莫名的满足感和兴奋。

7月4日下午我们终于到达离伊尔库茨克300英里以外的下乌丁斯克。当地赐予我们无上的殊荣，在警察局里招待我们。接下来，我们就各忙各的。亲王拜访警察局官员，埃托尔检查汽车装备，我则把一路上的见闻用电报发回意大利。但电报局的人却百般刁难我，我找了雷丁奥诺夫先生前来助威，同他讲理，也行不通。于是，我给伊尔库茨克电报局局长发了封加急电报，这才把这个问题解决了。

雷丁奥诺夫先生眼睛受伤，无法继续与我们同行，只好乘当晚的火车回伊尔库茨克。告别时，他得意地说自己也当了回记者，发了封电报回去：搭亲王的车于下午2点35分抵达下乌丁斯克，旅途愉快。

十四、在叶尼塞河盆地

下乌丁斯克只是淳纳河岸的一个大村庄，淳纳河是安加拉河众多支流中的一条。我们早上4点就开车通过了这些泥泞的街道，一些早起的人们听到我们汽车的声音，打开了他们的窗户，并用带着朦胧睡意和不信任的眼光看着我们。我们的车由一辆警用俄式大型四轮马车陪着，马车由一名宪兵驾驶，上面坐着一名官员，他们一直会护送我们到150英里外的坎斯克。

我们一路穿过浓雾，脸上和毛皮上都布满露珠，我们希望太阳能驱散它们。太阳确实偶尔也出来一下，但在薄雾的后面显得非常苍白。我们不时用语言大声鼓励太阳，想为它加把劲。可是可怜的太阳似乎用尽了全力也无能为力，大多数时候我们必须面对大雾、雨水、大风、寒冷和烂泥。

有时候丛林不是特别稠密，我们可以发现一些开阔的空地和草地。山谷里孤独的村庄世代位于林中，周围堆放着大堆大堆的木头，这些木头也许注定要在修建铁路中派上用场。这些村民们身材矮小，脸上有一副幸福的神情。他们满足于自己对世界所了解的那一星半点知识，他们有属于自己的世界。他们既是针叶树林地带的朋友，同时又是它们的敌人。他们把粗大的树干锯断，但同时又信奉那些充满诗意的传说，大树既是他们的伙伴，也是他们的牺牲品。

我们突然发现前面有发送电报的电线杆。很快，我们就看到了铁路。一声长长的鸣笛过后，一辆火车从我们后面气喘吁吁地赶上来，很快就和我们的汽车并排前进了。一些旅客从车厢的窗户探出脑袋来和我们打招呼，并对我们说"再见"。但是不一会儿，我们的汽车就离开了铁轨，又行驶在原始的静寂中了。世界

我们来到了西伯利亚针叶林中

在我们身后就像一个幻影,在原始孤独的森林中与我们相聚一小会儿。在茫茫的森林中,人类已经现身,为我们送上了短暂的鼓励。

一个下午猛烈的暴风雨又袭击了我们,雷电交织在一起,大雨模糊了一切。在泰提斯克村附近,我们乘船渡过了比卢萨河,那淳纳河的一条支流。几小时后,我们又乘船渡过了坎河,评测认为它是我们所渡过的第一条直接流入叶尼塞河的河流。现在我们无疑已经彻底离开了安加拉河流域,进入了叶尼塞河流域,置身在了中西伯利亚的郊外。位于坎河边上的坎斯克城看上去像是一个大城市,大雾模糊了我们的视线,从而把城市的边界扩大了,河岸边有一大片工厂区。

当我们讨论这些建筑的时候,我们用到了"工厂"这个词。一个大学生模样的同船年轻人听到我们说这个词的时候,便告诉我们这不是工厂,他忧郁地说:"坎斯克如果没有这些建筑将更好,因为它榨干了这个国家,而不是让国家变得更加富裕。这是非常糟糕的事情,简直就是俄罗斯毁灭的根源。"原来这是政府的伏特加酿酒厂。

我们后来下榻在一家老牌的木屋旅店,这是当地最好的下榻之所了。他们把先于我们到达的汽油和润滑油给我们带来了。旅店没有其他客人,房间里充满久未住人的寒气,但是一楼的桌球室却非常热闹。有不少官员在打球,夹杂着噪声和烟味。夜深时,在淅淅沥沥的雨声中,我们仍能隐约听到他们的叫声和球的碰撞声。

我们在第二天的早上3点就起床了,想早点儿到达150英里以外的克拉斯诺亚尔斯克。就在我们要动身的时候,一名警察提出让一些武装士兵陪同我们,博盖塞亲王坚决不同意。

他们告诉我们森林中有些匪徒,前段时间一些暴动分子攻击了克拉斯诺亚尔斯克的军营,抢走了一些枪支弹药,还打开了一座监狱。监狱里有70人,但是只抓回了30人,另外的40人分成许多小股的匪徒,流窜在叶尼塞地区。

我们相信要阻止我们的汽车不是一件容易的事情,特别是对于那些从来没有看过汽车的人来说,只有设陷阱才可以难到我们。我们也不可能因为害怕遇到匪徒,就让一群步行的士兵陪同我们去克拉斯诺亚尔斯克,这样要花去7天时间。再说,自密索瓦亚以来,当地人们就一直不断地和我们谈论匪徒,我们怀疑在主干道上遇到这种危险的可能性。所以,最后我们还是谢绝了他们的帮助。但是我们请求他们把我们带到城外、领到正确的道路上,就像我们在下乌丁斯克那样,离开一座西伯利亚城市的道路往往比到达一座城市的路更难找。

7月6日那天是整个行程中最糟糕的一天。持续的大雨把道路弄得一塌糊涂,简直无法形容!在我们离开坎斯克城不久,就碰到一个斜坡,我们花了一个小时也没能爬上去。我们尝试了一切办法,弄得精疲力竭,只得放弃。我们找到一个铁路岔口的看守那里,请他让我们在他那儿避雨,把汽车就丢在外面,等待雨停和地面变干一点儿。

看守的妻子在烧茶壶。我们把皮衣和雨篷挂在温暖的炉子旁,坐在小房间里,心情沉重,默默不语。自从进入西伯利亚以来,我们就一直受到恶劣天气的困扰,几乎天天下雨,唯一的那个晴天我们又掉到了河里,简直好像有魔鬼一直在跟我们作对。我们不时望着窗外,雨仍然下个不停,天空低垂而阴沉。也许我们的等待将不是几小时的问题,而是几天或几个星期的问题。

中午的时候,看守穿上外套,戴上帽子,把信号旗从墙上取下,然后出去了。不久,一辆火车疾驶而过,震得窗栓和房屋都咯吱响。后来他告诉我们,在人们记忆中,从来没有一个夏天像今年的夏天一样,连续下了两个月的雨,以前7月份从来没有这么多雨,也没有这么冷。叶尼塞河流域的庄稼受到了严重破坏,人们在西伯利亚的这个冬天要挨饿了。

我们不可能漫漫无期地等待下去,埃托尔走到外面去检查我们的汽车,这意味着他心中已经有计划了,他是个足智多谋的人。他把链条套在汽车轮子上,这样我们又可以重新上路了。链条的齿牢牢嵌进淤泥下面的硬土中,我们终于爬上了这个山坡。但是,我们也必须忍受一些新的烦恼:链条把大块的泥土,甚至木头、树枝、石头掀起来,不断地往车上和我们身上扔,我们简直无法睁开眼睛。

在林中我们还碰到三个像匪徒模样的人,他们和我们对峙了一会,但是后来被我们的汽车吓跑了。

我们在克拉斯诺亚尔斯克停留了一整天,这是一个又长又烦闷的星期天。我们整天只能待在旅馆里,因为外面都在下雨。有警察的帮助,和在其他城市一样,我们找到了我们先前保存的汽油和润滑油。克拉斯诺亚尔斯克是另一座和英国有关的城市,差一点儿变成了一个海军港口。一位名叫威金斯的英国航海家曾来此处试图找到一条通往西伯利亚的交通方式,1874年,他成功地乘一艘叫着"戴安娜"的船从英国到达西伯利亚,1875年又成功地航行了一次,1878年的时候这条航线开始了商业贸易,把货物从英国运到了叶尼塞河和鄂毕河。7年后,他成立了一家英国公司专门来管理夏天的航

在一条俄国的渡船上

在叶尼塞河盆地

西伯利亚渡船上的乘客

行。但是生意并不好,公司解散了。几年后,类似的一家公司又成立了。当西伯利亚似乎要发展的时候,这个计划又不得不放弃。到了1895年,铁路把这片广袤的土地唤醒了,第三家英国的公司成立了。于是陆续有好些英国公司运送货物过来,曾经通过减税鼓励过商船的俄国政府后来停止了提供任何优惠,这样便再也没有英国商船过来,克拉斯诺亚尔斯克也就永远不会变成一个港口城市了。

7月8日的早上4点,我们的两个英国朋友帮我们找到一个向导,为我们离开克拉斯诺亚尔斯克带路。跟我们的向导告别之后,我们经历了一条极糟糕的道路。大约9点钟的时候,我们到达克姆丘格河边。我们要找渡船,但是得知渡船已经被水冲走到半英里外的地方去了。我们又问有没有桥,可是桥也被冲垮,这条小河流看来就要阻挡我们前进的步伐了。我们动用了我们最后的资源,请求把斯塔罗斯塔找来,他是一位穿着阿米阿克呢天鹅绒的白胡子老人,神情看起来像俄国贵族。博盖塞亲王把内务部和皇家警察司令颁发给自己的官方文件放在他面前请他念,官方文件上要求所有的官员都要给我们提供一切可能的帮助和保护。后来还是一位戴着军人帽子的年轻人念的,文件引起了大家的兴趣和崇拜,特别是对亲王的头衔更是赞叹。文件发挥了很大的作用,斯塔罗斯塔立即指挥大家花了好几个小时把冲到河里的船拉上来了。这样我们就可以上路了,在我们重新出发之前,我们给了他们一大笔报酬。

下午3点钟,我们就能看到阿欣斯克了。在我们进入阿欣斯克城之前,当地的居民就已经在路边等着欢迎我们了。我们在一家"欧洲旅馆"住了下来,第二天凌晨3点半我们就又出发了。警察提醒我们除了要注意匪徒外,还要注意游民。我们小心翼翼地开车,以免错过去马林斯克的道路,因为我们希望下一个晚上,也就是7月9日晚,我们能在那儿住下。

十五、托木斯克——学者之城

我们又经历了一次困难,汽车后轮深深陷入土地中。无论我们怎样努力也无济于事。后来我们还是在士兵和村民的帮助下才渡过这个难关。随后,道路变得稍微好一点,但是我们还是迷了几次路。

下午5点,我们渡过了马林斯克镇附近的吉雅河。虽然吉雅河完全拥有一条大河的雄伟风姿,但它只是切特河的一条支流。切特河则是丘雷姆河的一条支流,而丘雷姆河又是奥比河(鄂毕河)的支流。吉雅河刚涨水,挡住了我们的去路。河岸边围了一大群人,其中一位长者请求我们慢点开,这样好让他的属下能自由地多欣赏我们一会。他们把我们领到一个圆形的房子里,这些房子是没有宾馆的地方专门用来接待俄国官员的。从当天凌晨3点半到下午5点半,整整14个小时,我们才走了100英里左右,平均每小时还不到8英里。

第二天我们早上两点就起来,3点就动身了。因为这些天白天都持续下雨,晚上雨就停了,为了利用晚上雨停的好时机,我们一天比

一个熟悉的场景:汽车在一个村庄里陷入了泥沼

村里所有的男子都出来帮着把伊塔拉车拉出泥沼

在一旁观看的乡村妇女

伊塔拉车又一次满血复活

全村人都来为我们指前往托木斯克的道路

一天动身得早。7月11日那天,我们曾打算下午一两点就到达160英里以外的托木斯克,但是命运却偏偏和我们作对。没有到过西伯利亚的人是根本无法想象那里的天气有多恶劣,雨有多大,道路有多泥泞。但是俄国的农夫却是尤其友善、脾气性格好、具有自我牺牲精神、简单纯朴、聪明和精力充沛的。当他们看到我们在推车的时候,即使我们没有请他们,他们也会毫不犹豫相互招呼着来帮我们出把力。五分钟不到,当地所有的人都会围着车一齐用力推。有些妇女认为我们的汽车肯定是有魔鬼在推动,所以用大拇指不停地在上嘴唇划十字。可是男人们一点也不怕"魔鬼",特别是当他们发现"魔鬼"还能给他们带来几个卢布的收入的时候,他们就更不怕了。

我们继续前行,一路颠簸。后来我们终于到了塔伦塔耶娃村,我们那晚住在一个年老的农妇家里。虽然已经很晚了,但是村里的牧师还是过来看我们的汽车。这是第一位不害怕我们汽车的西伯利亚地区牧师,一位聪明而沉静的年轻人,他以一位领袖的庄严跟我们打过招呼后便一言不发地走了。

今天正好是我们动身以来整整满一个月。

我们凌晨3点就离开了塔伦塔耶娃村。约20俄里外,我们来到了一个更大一点的,名为卡尔德耶娃的村庄。在我们穿过这个村庄之前,我们先去打探了一下道路,发现道路基本无法通过,于是我们决定提前寻找帮助。当时整个村庄还在沉睡中,但是我们不得不去敲村长的门,请求他的帮助。他很快召集村民,给我们找来了五匹马。当地居民也都起来了,那些吉尔吉斯人看起来和布利亚特人(贝加尔湖畔的蒙古人)和蒙古人是如此相像,简直可以称为伊斯兰蒙古人。

此时,一辆四轮马车停在我们面前,下来一位警察急切地问我们是否出了什么事情。原

我们遇见的第一个吉尔吉斯人

在一条靠马来驱动的渡船上

在去卡因斯克的路上,汽车再次陷入泥沼

在托木斯克附近汽车再次抛锚

在去托木斯克的路上，汽车艰难地登上渡船

汽车在鄂木斯克附近登上渡船

汽车在渡奥比河(鄂毕河)

来在托木斯克城谣传我们已经被杀了,所以托木斯克的总督派他连夜来寻找我们。我们解释道路太难走了,才比预定计划晚了很多。

两小时后,我们终于能看到托木斯克城了。根据俄国的习惯,夏季那几个月,卫戍部队都驻扎在城外,一大群士兵跑着来看我们。警察长带着一群官员在托木斯克城门口热烈地欢迎我们的到来,总督嘱咐他立即把我们送到他那里,因为他想马上见到我们。

就像许多俄国在欧洲部分的城市一样,托木斯克城给我们的印象就像是在圣彼得堡的郊区那样时髦和漂亮。横跨西伯利亚的铁路未穿过托木斯克,反而使它保持了自己的独特风格。作为西伯利亚的智力中心,漂亮的托木斯克大学隐藏在如画的白桦林中,学生们的宿舍就像瑞士山区的牧人小屋一样漂亮。全西伯利亚的年轻人都来技术学校和这所大学的图书馆学习,由于这个原因,该城获得了"托木斯克——学者之城"的称号。

总督以极大的热诚款待我们,邀请我们在他的官邸里吃午饭和晚饭。他带我们去看他园子里的熊,他儿子带我们去看那些良种马,那是全俄国最好的马。

我们在第二天,7月12日离开了托木斯克,前往700英里外的鄂木斯克。途中有一位摄影家早就摆好相机等待我们的到来,他坚持要给我们拍照片,然后对我们表示感谢并和我们道别。我们也碰到了一些骑着马的吉尔吉斯人,他们看起来很像蒙古人。他们的神情比较粗野,有一种好战的性格。他们围着我们的汽车看了又看,然后发出哄堂大笑。

我们来到了科雷万,在这里我们同样受到了热情的接待。人们告诉我们,这座城市以前很富有,但是现在很贫穷。同样是因为西伯利亚铁路没有经过这座城市,很多人都搬到铁路经过的城镇去了,这里的居民越来越少。

十六、伊希姆

7月13日早上4点，我们开往离科雷万20英里外的卡因斯克。7点左右我们就到达了卡因斯克，我试图在这里给托木斯克的总督发份电报，但是没有成功。在中午的时候，我们遇到了一个险情，一个可能导致灾难性结果的险情：我们闻到了一股焦味，并看到车后冒着烟。原来是刹车皮着火了，我们赶快把车停下，并到处找水。幸好我们发现及时，才没有酿成大祸。

下午4点，我们终于抵达鄂木斯克。鄂木斯克是一个巨大的商业中心，我们决定在鄂木斯克休息两天，我们实在太疲倦了。

我们的车，除了刹车皮损坏外，其他不需要修理。亲王其实已经从欧洲定购了一些配件，但是被俄国海关截下了，现在也不知道被弄到哪里去了。我们更换了从北京一直开到这里都使用的前轮胎，车子被彻底地清洗了一遍。

7月16日十点左右我们看到地平线那边冒着烟。毫无疑问，大火正在烧毁一个村庄。我们查了地图，发现大火就在我们的正前方，也许是阿巴斯克。半个小时后，我们发现原来是草原着火了。

我们3点钟到达了伊希姆，它是一座似乎无人居住的小城。一位富商让我们住在他家里，他非常慷慨，我们也向主人表达我们的尊敬和感谢。我们被告知有人想见我们，在伊希姆和在其他地方一样，是不能让别人等着的，于是我们便下去了。我们发现一大群人围着我们的车子，看到我们来了便热烈鼓掌，我们也向他们致礼。正准备要回到房子去的时候，却发现他们还不满足。因为我们进城的时候没有看到我们，他们现在要我们开着车子给他们看看。满足他们的要求是我们的责任，我们上了车，五分钟就开遍了大街小巷。等我们回到小院子时，简直像是胜利凯旋。大伙热情高涨，他们把我从座位上拖下来，抛向空中，他们把我当作博盖塞亲王了。

佐沃德诺斯卡亚的三驾马车

人们对伊塔拉车赞赏不已

在汽车抛锚的时候,旁观者对伊塔拉车羡慕有加,尤其是作为喇叭的那个橡皮球

一个钦慕者的好奇心

伊希姆

十七、乌拉尔山脉

7月18日凌晨5点，伊希姆教堂的尖顶消失在我们的视线中。我们离开白桦林，又一次到了绿色平原，虽然起伏不平的地面延缓了我们前进的速度，不过我们离大树区不远了，因为我们看到人们用推车运松树。到了正午，我们到了一个大村庄，佐伍德诺斯卡雅。村庄里有几辆三套车候着我们，一个富有的西伯利亚商人，想请我们去他的地盘吃午饭。于是，我们把车留在村庄里，坐着三套马车和他一起去了。这一路可真够颠簸的，我们的速度飞快，穿过沙地和丛林，半小时后，我们眼前看到的是茂密的松树林和果园，一条清澈的小溪旁有一条树木成荫的小路，林间可以看见小屋和马厩的屋顶，还有一个水电厂。我们就在露天树荫下吃中饭，我们的主人及其家人都热情地招待我们。吃完饭后，我们又乘三套马车回到村庄。4点钟左右，我们又上路了，朝着秋明前进。我们穿越亚鲁托罗夫斯克的托博尔河，几个小时后又穿越博甘丁斯克的佩什马河。每经过一个村庄，我们都会看到有人站在街道上等候我们，朝我们欢呼。晚上8点，我们到了秋明，那里的人出来迎接我们，还有些摄影师和记者也来了。第二天凌晨4点，我们又出发了，前往120英里以外的叶卡特琳堡。

过了秋明，就不再是大草原了，我们的前方又是丛林。秋明过去50俄里处的丛林里，在我们的左边，我们看到两个路标，一个写着：托博尔斯克省，另一个写着：彼尔姆省。我们朝着俄罗斯的欧洲部分前进了。我们又穿越了30俄里的丛林，来到空地，接着穿越草地、田野。可是，这里的人们看到我们，明显带着有些敌意的惊奇，好像我们是不为他们所知的敌人，这就表明我们面对的是另外一个种族的人了。

这里的地貌越来越复杂，我们不能加快速度。快到一座城市时，我们碰到了候着我们的人，他们冲着我们欢呼，一个年轻人骑着自行车示意我们跟着他。冲下一个斜坡，我们就看到这座城市了，就是卡米希洛夫。我们的骑车人带着我们穿过街道广场，再穿过市集，过了一座桥，给我们指明了前往叶卡特琳堡的道路后就和我们告别了。下午3点，我们又到了一块野地，接着又是茂密的森林，到处是乌拉尔山脉的参天古树。卡米希洛夫很快就到了，这是乌拉尔地区的矿山大城，黄金和煤炭的大市集。7点时，我们看到了冲着我们挥舞着手臂的人群，叶卡特琳堡也在向我们召唤。跟随着自行车队和马车队，我们很快就到达了这座美丽的城市，我们就在这里度过了在亚洲的最后几个小时，这里距离北京大约有3000英里。

7月20日上午5点17分,我们越过了欧洲地界。乌拉尔山脉的一座高山的峡谷森林中的一小块空地上,矗立着一块大理石碑,面朝东边的一面写着"亚洲",西边的一面写着"欧洲"。这个地方可是我们通往家乡的一个进阶,汽车飞速地前行,路很宽敞,大约两小时后,我们来到了俄罗斯的一个工业地区,这时我们不得不放慢速度,甚至停下来,让那些前往叶卡特琳堡的满载着木头、煤炭、铜的四轮马车通过。叶卡特琳堡有一条铁路能把这些产品运到伊谢尔雅宾斯克,再运到主干铁路线。从叶卡特琳堡到喀山的一条铁路正在修建,一路上我们都看到修筑铁路的工程。大约10点,我们又到了平原上,下雨了,这一路走得可够难的。后来雨停了,我们才能加快速度,经过了一座小镇昆古尔。快到彼尔姆的时候,我们到了一片杉木丛,这时左驱动轮有些开裂了。埃托尔一番修理后,我们又继续前行。那天晚上大约8点我们到了彼尔姆。街道上人头攒动,电车上挤满了人。人们盯着我们看,而我们则盯着看电车。一到旅馆,我们赶紧看我们的车轮,博盖塞亲王想了些办法,埃托尔动手把车轮重新弄好,然后想找个地方把车轮浸泡一下。这时一个大个子的穿着制服的人走上来建议我们到澡堂找个地方去浸泡车轮,我们接受了。第二天凌晨4点,车轮修好了,我们又上路了。

十八、从卡马河到伏尔加河

我们刚离开彼尔姆,就迎面碰上了一长列四轮马车。这些马车是运送货物到彼尔姆市集的,当我们的汽车接近马车队时,走在最前面的马显得很害怕,接着就狂怒,我们放慢速度,几乎就和步行的速度一样,可就这样也不行,这匹马冲向一边,这种恐慌让其他的马产生了连锁效应。很快,所有的马车都翻了,牛奶洒了一地,那些农民在他们老婆的怂恿下,朝着我们冲过来,我们只好加快速度,逃离了农夫们的棍棒。没走多远,我们又碰上一队四轮马车,这次我们决定干脆停下来,让它们先过。可马车队走近时,那些马开始竖起耳朵,甩着头,喷鼻嘶叫,突然,那匹头马前蹄扬起,转身就跑,完全忘却了自己身上所缚之物。马车很快又被掀翻了,牛奶和鸡蛋洒了一地,我们的车只好又一次飞速逃跑。这一次后,我们改变了策略,效果还不错。再看到马车队时,我们就全速前进,那些马根本还没看清楚我们就过去了。

几个小时后,我们到了茂密的森林,狂风暴雨随之而至,足足下了4个小时。我们从彼尔姆出发开了近6个小时,却只走了50俄里。到了卡马河岸边,我们乘一艘汽船牵引的小船过了河。到了对岸,我们继续在泥泞的路上前进,穿过了一座名为欧坎斯克的小城市,我们一路赶着,指望着天黑前能到马尔米西。大约11点,我们走了大约30俄里。这时我们那只有故障的车轮开始发出叽嘎声,接着一声尖叫,最后就是一声爆裂。就这样,我们停在一个前不着村后不着店的地方。

我们看了看地图,离我们最近的村庄大约还有8俄里。我们正修着呢,一位农夫赶着牛正好路过。他告诉我们,附近有个叫尼古拉·彼得洛维奇的工匠能给我们做个一模一样的车轮。我们就慢慢地小心翼翼地开着车去找这个人,大约过了一个小时,我们终于到了工匠家,工匠告诉我们只要换个轮辐就可以修好,轮辐半天就能弄好。我们就在那里看着工人们干活,这时居然有个工人转过身来对我们说起了拉丁语,我们诧异得一句话也说不出来。他告诉我们,如果累了,可以去附近的房子里休息,喝点牛奶。我们去了那里一看,不只是牛奶,还有很棒的小白莓可以吃呢。到了4点,轮辐做好了,又花了两个小时,车轮组装好了,一切准备就绪,埃托尔把车轮装回车原位,到了7点,我们又出发了。一个小时后,太阳落山了。到了9点,我们到了一个小村庄,我们决定在那里过一夜。我们看到两个年轻人,就停车想问路,可还没等我们张口,他们就瞪大眼睛看了我们一眼,做了个十字手势,一声不吭地拔腿就跑。我们的储备不够了,而且还没吃饭,所以我们只好慢慢开着车,尽可能地不要惊动人们。终于,在一间房子门口,我们看到几个女人,她们也看见了我们。我们停了车,刚说了句晚上好,她们就尖叫着跑回屋子,关了门。我们又来到一幢漂亮的房子面前,敲敲门,过了片刻,房子里的人醒了,都跑到路上看着这辆对他们来说十分神秘的车子。亲王给他们解释这辆车子是什么,很快人群聚拢在这辆车子周围,他们也开始明白我们是有血有肉的普通人。我们还邀请了两位农民上车,带他们走了一圈,他们都兴奋得不肯下车了,大家都争着要坐坐车。就这样,我们和他们成了好朋友,肚子也填饱了,午夜时分,我们入睡了。

7月22日凌晨4点,我们又出发了,我们乘船渡过了乌希姆河,接着是瓦拉河,这都是卡马河的支流,卡马河是汽船通往伏尔加河的主要商务通道。到了下午,路况不好,我们前行的速度很慢,时速大约9英里,有时甚至6英里。偏偏我们的车子又出了故障,夜幕降临,我们还在忙活着。这时,一辆大型四轮马车来了,车主喝醉了,也很健谈,他说他去梅勒克斯基,于是我们也决定去梅勒克斯基。大约一个小时后,我们到了那里,吃了些鸡蛋,喝了点牛奶,就睡在了地板上。第二天凌晨4点,天还在下雨,我们又出发了。我们经过了马尔米斯克,维雅塔卡河边的一座小镇。距喀山大约24俄里的地方,我们看到了一条欧式的公路,这时自我们离开北京以后看到的第一条车行路。大约3点钟,从喀桑卡河谷下来往西,我们看到了一条长长的河,即伏尔加河。最后,我们到了喀山。穿过宽敞的街道,我们进了城,一路上,很多人好奇地看着我们,还有人认出我们,冲我们欢呼。一位女士调转她的豪华马车跟着我们,和我们搭话,还主动提出给我们带路到宾馆。这一路上,我们看到了喀山的克里姆林宫,还看到了宏伟的斯巴斯卡亚塔。

俄国电报站建造者所制作的新车轮

十九、从伏尔加河到莫斯科河

在喀山修好了汽车的发条后，7月24日早上9点，我们开车离开了喀山。我们经过克里姆林宫的围墙、位于郊区的海军部，来到了伏尔加河边的要塞。这条欧洲最伟大的河上布满了各种船只，都朝着同一个目的地——下诺夫哥罗德的集市出发。我们借助一条汽轮，几分钟后就到达了右岸。同船的哥萨克人坐在船首，唱着歌，弹着巴拉莱卡琴。

我们在山顶欣赏喀山的美景。喀山是世界上石油储藏比较丰富的地方之一，在喀山河下游，我们还看到了巨大的运油船。

我们继续往南，往西行进在一条荒芜的小路上。速度很慢，但我们很满足。到达西伯利亚后我们迷路了，似乎走进了一个绝望的迷宫，花了很长时间才出来。

然而，在缓慢穿过一个小村庄时，我们的汽车惊吓了一匹马，马受惊后戛然而止，同时摔落了马背上的孩子，他并没有受伤，但全村的人却被激怒了。村民们怒吼着追上我们，并挡住了我们的去路，我朝天鸣枪才将他们驱散。我们随后被困在基米尔斯卡亚河旁一条泥泞的小道上，3个小时后才得以脱身。但车子又在一个黑漆漆的荒郊野外陷入了泥潭，我们只能在车里，蜷缩着裹着大衣取暖。

随后我们非常幸运地找到了一间小磨坊，希望寻求磨坊主和他的工友的帮助，并答应给他们5个卢布。他们愉快地接受，叫来了同伴，拿来了工具，帮我们将汽车推出泥潭。同时，我们还应邀在磨坊里过夜，在鸡蛋、牛奶、面包和伏特加的陪伴下，我们度过了一个美妙的夜晚。

第二天早上6点，我们出发了。沿着已干的道路，我们经过早上集市繁忙的切博克瑟里镇和一个同样繁忙的村庄。中午时分，我们到达了苏拉河右岸一个美丽的小镇，瓦希尔索尔斯克。乘着一条拖轮，我们穿过了苏拉河，继续我们的旅程。下午，我们经过了一个密林中的小村庄，已经接近了下诺夫哥罗德。日落时，我们看到了远处工厂的烟囱，并受到了一些同胞即驻俄罗斯的意大利商务代表的欢迎。从喀山开始，我们走过了280英里，最终进入了欧洲的中心，我们不再感到孤独。

我们受到了热情的邀请，城市的精英们在市中心的花园里给我们开一个盛大的户外宴会。宴会中发生了一个小插曲。原来，我在两小时前发了一封电报，但由于电报不是用俄文写的，不能被发送。幸运的是，一位当地的要人给我们打了个电话，问题就迎刃而解了。

第二天上午10点，在市民的夹道欢送下，我们又出发了，我们从一座连接下诺夫哥罗德

在渡船上：一位徒步去莫斯科的朝圣者

下诺夫哥罗德的一个乡村集市

我们到达了维拉基米尔

和雅马卡的木桥上越过了奥科河。奥科河也是一条繁忙的河流，右岸是热闹非凡的集市和一些从各地来的人，如鞑靼人、吉尔吉斯人、切尔卡西亚人、波斯人等，他们好奇地看着我们，并问了许多我们无法听懂的问题。经过了一座金碧辉煌的宫殿后，我们进入了莫斯科斯卡亚的马路。

我们的车开得飞快。经过5000英里的旅程，46天的奔波颠沛和痛苦失望，我们终于看到了离开蒙古戈壁滩之后一直朝思暮想的一条真正的"马路"。在我们看来，这就是现代文明的开端。

欧洲的边界，并不是地理学家所认为的乌拉尔山脉，而在下诺夫哥罗德。我们不用再经过各种苦难，马路是我们最好的向导和朋友，它会安慰我们，并陪伴我们到终点。

汽车全速前进，驶过风景如画的毛榉树、松树和白桦林，穿过农田和村庄。最终，我们意识到莫斯科离我们只有数小时的路程了。

第二天一早我们又出发了，沿着平坦的马路，我们似乎在飞翔。8点钟，我们到达了一个叫作泡克罗的小镇。我们非常惊讶，因为照此速度，我们在10点以前即可到达莫斯科。那么就让我们慢行吧。我们停下来，美美地吃了一顿早饭。同时，我们已经到达的消息如长了翅膀一样传遍了整个小镇。中午12点，我们再次上路。1点一刻时，我们到达了一个叫考登尼的地方，并遇到了来迎接我们的朋友们。

这是一个激动人心的时刻，我们重新回到了我们自己的世界。

下午两点，我们所有的车辆都汇聚在一起，朝莫斯科进军。经过诺瓦亚·安德罗夫卡的郊区、拉克伊斯卡亚的边界，我们最终到达莫斯科，并受到了盛情的款待。我们能自由地使用莫斯科的所有车辆来尽情地欣赏这个古老而年轻的城市，而同时，我们的车也得到了很好的休息。

二十、离开俄罗斯

7月31日凌晨4点整，我们开车离开大都市旅馆。行程中，我们每到一个地方，都会把没用的重物一点点留下，现在离开莫斯科时，我们的车上只剩下了几只备用轮胎和一些个人用品。此时的汽车犹如一位整装待发、信心百倍的长跑运动员。

我们的汽车由其他护卫车队领路，迅速驶过喧闹的城区。在莫斯科，黎明是个热闹的时刻。此时，许多人正在从饭店和音乐会回来的路上，路过的每一辆马车上，都有人热情地向我们致意，俱乐部的阳台上，人们热烈地向我们鼓掌。

早上6点钟，太阳开始穿透黎明前的黑暗，远方的地平线也渐渐地显现了出来，平坦而一望无际。森林的轮廓依然朦朦胧胧，但上方，教堂的尖塔已清晰可见。慢慢地，一切都清晰起来了。此时，我们发现，路边的风景仍与这几周以来所见的十分相似。

我们第二次穿过伏尔加河，沿路上总有人群向我们问候、致意。在这段长长的路上，车速达到了每小时30英里。窗外，乡村的景色越来越迷人，但我们忙于赶路，无暇顾及。

然而，刚离开特维尔省时，路况开始急剧下降，一场暴雨也不合时宜地降临了。这场雨直到第二天早晨我们离开诺夫哥罗德时还未停止。在诺夫哥罗德，你会体会到一种对逝去的权力和荣光的无限感伤，这种感觉是其他城镇无法相比的。俄罗斯的一句格言仍在耳边响起："谁能与上帝和诺夫哥罗德抗衡？"但是啊，在这个世界上，有些语言比一个帝国的存在更为久远！

次日早晨8点钟，我们来到了圣彼得堡。圣彼得堡汽车俱乐部最活跃的成员之一，M.埃弗伦已派了一辆赛车在路边等我们，车上用大号字体写着："北京—圣彼得堡。"简单的寒暄之后，我们跟着这辆车进入了市内。在那里，意大利军事专员带来了大使对博盖塞亲王的祝贺。意大利领事，国家汽车俱乐部的成员及秘书，M.伯克尔等许多人都来欢迎我们，许多妇女还把鲜花扔到我们车上。

我们直到8月2日早晨才离开圣彼得堡。接着，我们穿过了卢加河、德温斯克、多瑙河、加夫诺，来到了俄罗斯的最后一个城市：威尔泽伯罗。

回想在俄罗斯的这段时间里，我们花了41天时间穿过这个沙皇帝国。在这片土地上，我们经历了旅行中最大的困难。离开时，我们没有遗憾，反而有着一丝眷恋。如果不是周围人们的帮助、耐心和好客，我们也许已多次弃车中止了。想起旅途中最困难的时刻，我的眼前总会不由自主地浮现出一个俄罗斯农民的形象，他蓄着浓密的胡须，留着长长的头发，安详而庄重。一直以来，各地的人们总是帮助我们摆脱困境，将我们从泥泞中、湍急的河流中或饥饿中解救出来。

俄罗斯和德国的边界是一座小桥，桥面的两端各有一个纹章。官员很快给我们办好了入境手续。早晨7点钟，我们向约100英里外的哥尼斯堡出发。

那里的路况很好，一天中，我们经过了哥尼斯堡、布劳恩斯贝格、艾尔宾、玛琳堡、斯图加特。此时，我们离巴黎只剩下不到1000英里了。

二十一、接近终点

从普鲁士的施塔加德市区广场驾车出发已是8月5日早上6点。我们开得太快了，所以稍稍改变了行程，免得太早就到了柏林，打乱了东道主的接待计划。一路风光明媚，我们终于告别了蒙古地带的寒冷和雨水。从6点到11点，我们一直以每小时40英里的速度行驶在如诗如画的乡间。已经不记得穿过了多少个小镇，只是觉得耳边风声呼呼作响，眼前景物飞驰而过，我们几乎要眩晕了。

驶过一片荒芜的土地，我们的车进入了田野。阳光很灿烂，农民戴着大大的镶有丝带的帽子忙于收获。一辆辆装满玉米和干草的卡车从身边驶过，车上还载着一些农民，他们兴高采烈，手上的镰刀在阳光下闪闪发光，这是丰收的节日。

穿过德意志的克罗嫩，我们于11点抵达兰茨贝格。这两个地方已经给了我们柏林的感觉。消息立刻传开了，人们蜂拥而至，我们只得躲在小旅馆里，以求得片刻的安静。

下午1点，我们继续驾车驶向柏林，在明谢贝格的一家小饭店却又被摄影记者围得水泄不通。太受欢迎也并不总是一件好事。

重获自由后，我们飞速驶向柏林。一路穿过柏林周边的工厂聚集区，终于到了柏林的心脏——国王大街。然后车子又蜿蜒穿梭到了布里斯托尔旅馆，博盖塞亲王一下车就受到了极其热烈的欢迎，簇拥的人群一直跟随着我们，到了房间我们才有了一点私人空间。

8月6日中午，帝国汽车俱乐部设宴款待我们。当天晚上，同行们又聚在一起会餐。其间法国巴黎的记者还特地赶来，让我们感受到了巴黎的好客。而我们的车也受到了盛大的欢迎，戴着花冠和胜利的殊荣，人们贴着展厅的玻璃想一睹它的芳容。

8月7日早上，雨水敲击玻璃窗的声音把我们叫醒。5点，我们相互握手、道别，在一片祝福声中和欢送仪式中又出发了。自从在莫斯科听到第一次掌声，我们对此已习以为常，但还是被深深地感动着，心中充满了感激。

很快，神圣壮丽的柏林离我们越来越远，与圣彼得堡、莫斯科一起成为了遥远的回忆。前面通往巴黎的路上，再没有其他首都了。

向巴黎进发！

5点半我们穿过波茨坦，一小时后，经过勃兰登堡，8点到达马格德堡。车开得飞快，沿途风景各异，让人目不暇接。博盖塞亲王想尽快抵达巴黎，事实上，到莫斯科那天他就想在10号到达巴黎。天色渐暗，9点我们驶过黑尔姆斯塔德，遭遇了一场暴风雨。但接近汉诺威时，炽热的太阳又出来了。

一路上，好多男孩子上学去，他们竟能认出我们，显然他们已经读过了来自柏林的报纸。男孩子们始终是我们的仰慕者，每个地方都是如此。穿越了大大小小我们说不出名字的城市、乡村，下午5点，我们到了黑尔福德，那里有极好的矿泉水和温泉浴场。7点，我们的车到了比勒弗尔德，并在那里留宿。一计算，离巴黎只有425英里了！

第二天，8月8日，下午6点，我们穿越比利时边境，晚上抵达列日。这天我们从威斯特伐利亚到莱茵，又从莱茵到了比利时。我们不断地接近目的地，兴奋无比，每时每刻都期盼实现好几个月来的梦想。车开得飞快，我们眼前的景象也不断变化。10点半，我们的车还行驶在莱茵河边的山路上，11点，阳光普照的莱茵河流域就展现在我们眼前了，这就是科隆城。我们稍事庆祝后便于下午两点继续前行。

进入比利时的场面有点戏剧性。由于没有电报通知，我们被一个警察拦住了。他质问我们的姓名、地址，但还是不相信司机就是博盖塞亲王。直到听到我们是从北京来的，他才猛然记起来，说非常抱歉，并立刻放行，有些奉承地祝我们旅途愉快。

半小时后我们抵达列日，此时正华灯初上。

二十二、巴黎

8月9日凌晨5点半，我们检查了汽车各个部件之后又出发了。很快穿过列日城之后就见到了默兹河，默兹河波光粼粼，葱郁的峰岭，拱桥和船只倒映在水中，酷似海市蜃楼。两岸如画的景色构成了旅程中最迷人的一段，我们沿岸行驶了90英里左右。

8点半我们到达阿吉蒙附近，这里已经是法国边境了。终于踏上了法国的土地，我们举杯庆祝，欢呼声荡漾在空中。不过很快我们又钻进了汽车，9点30分我们已经行驶在法国的道路上了。

离巴黎只有200英里了。

经过菲迈和勒泰勒，12点半我们进入兰斯，并在这个安静的小镇用了午餐。之后正准备离开，一群狂热的爱慕者涌到车边，撕破了车上的三角旗，还想卸下车身上的木片留作纪念。这次，我们一踩油门车就发动了，它仿佛也知道这里不宜久留。

已经下午3点了，我们驶向马尔讷。离巴黎只有100英里了。5点10分，我们经过一个城堡，巴黎开始出现在路标上，刚好给我们指路。还有50英里。

我们在莫城留宿，决定第二天——8月10日下午4点30分进入巴黎。在莫城我们度过了一个不眠之夜，因为摄影师在不停地给我们拍照，一早我们又出发了。

经过了一个又一个国家，接触了形形色色的人，现在，我们终于到了巴黎的城门口，而我们的汽车也经历了大漠戈壁、山石泥泞。

快要到达终点了，太快了，我们甚至来不及接受这个事实。最后几个小时似乎是恒久的，夹杂着欣喜和痛苦——难以名状的痛苦，我们都很安静，脸上带着失望的神情。

10日下午2点15分，我们加速驶向巴黎。离巴黎只有20——15——8英里了。周围一片欢呼声和鼓掌声。4点，乐队奏响了胜利进行曲，我们正式进入巴黎的拉达梅斯。

继续向前行驶，就到了圣马丁大街的入口，欢呼声一浪高过一浪。这天，博盖塞亲王成了巴黎的偶像。按照汽车拉力赛组委会工作人员的指挥，我们缓缓驶向晨报报社的入口。

我们抵达了目的地。

博盖塞亲王刹住车。

车停了。

比赛结束了。

喧闹声震耳欲聋，我们被拥着进入宫殿。外面人声鼎沸，都是要求见亲王的。香槟、鲜花、闪光灯……

不知道之后会发生些什么，我悄悄地离开了，留下亲王一人面对人群的簇拥。街上的小贩叫卖着明信片："博盖塞亲王的明信片，只要1苏（法国旧辅币）。"价格从4苏跌到了1苏，命运似乎也能通过街上小贩的叫卖声传递它的宣告。我们受欢迎的程度下降了75%，一切转瞬即逝……

图书在版编目（CIP）数据

1907，北京-巴黎汽车拉力赛 ／（意）巴津尼著；沈弘，邱丽媛译. -- 北京：中国画报出版社，2015.10
ISBN 978-7-5146-1194-6

Ⅰ. ①1… Ⅱ. ①巴… ②沈… ③邱… Ⅲ. ①赛车－汽车运动－体育运动史－中国－1907－摄影集 ②历史地理－中国－1907－摄影集 ③风俗习惯史－中国－1907－摄影集 Ⅳ. ①G872.1-64 ②K928.652-64 ③K892-64

中国版本图书馆CIP数据核字（2015）第225091号

1907，北京—巴黎汽车拉力赛	［意］巴津尼 著　沈弘 邱丽媛 译

出 版 人：于九涛

责任编辑：郭翠青

责任印制：焦　洋

出版发行：中国画报出版社

（中国北京市海淀区车公庄西路33号 邮编：100048）

开　　本：16开（787mm×1092mm）

印　　张：11.5

字　　数：200千字

版　　次：2015年10月第1版　　2015年10月第1次印刷

印　　刷：北京博海升彩色印刷有限公司

定　　价：58.00元

总编室兼传真：010-88417359　版权部：010-88417359

发　行　部：010-68469781　010-68414683（传真）